Willem-Alexander

Rob Knijff

Willem-Alexander

In gesprek met de koning in wording

foto's: Hans Peters

Colofon

Omslagontwerp: Mulder van Meurs, Toni Mulder
en Enzo Peters
Vormgeving binnenwerk: Enzo Peters

NUR 698 geschiedenis/koningshuizen
ISBN 978-94-6297-034-2
www.uitgeverijdekring.nl/Willem-Alexander

Inhoud

Inleiding

De Oranjes hebben altijd op gespannen voet gestaan met de media. Het in stand houden van de mythe rond het koningshuis verhoudt zich slecht met een overdaad aan publiciteit. Terughoudendheid en achterdocht ten aanzien van journalisten wordt de jonge royals met de paplepel in gegoten, van generatie op generatie. Onbegrijpelijk is dit niet, gezien de tegenstrijdige belangen.

Daarom weet de buitenwereld weinig meer over de karakters en het dagelijks leven van de koninklijke hoofdrolspelers dan wat zorgvuldig geregisseerd en in kleine porties gedoseerd naar buiten wordt gebracht. Het leven van Willem-Alexander vormt hierop geen uitzondering.

Journalist Rob Knijff en fotojournalist Hans Peters omzeilden tijdens hun werkzaamheden regelmatig het koninklijk protocol. Ruim een kwart eeuw lang deden zij verslag van officiële gebeurtenissen, maar doken soms ook 'zonder geschreven invitatie' op in het leven van de royals. De Oranjes worden niet graag verrast door de media, maar begrijpen ook heel goed dat een 'echte' journalist nooit aan de leiband loopt.

Rob Knijff was van 1978–1982 politiek redacteur in Den Haag en van 1993–1999 de enige fulltime Koninklijk Huis-verslaggever in Nederland voor Dagblad De Telegraaf BV. Hij vergezelde de prins op vele buitenlandse reizen en leerde hem in deze periode van nabij beter kennen.

Hans Peters was twee keer winnaar van de eerste prijs van de Zilveren Camera en won de derde prijs in de prestigieuze World Press Photo. *Willem-Alexander. In gesprek met de koning in wording* schetst een realistisch beeld van de nieuwe koning. Het laat de weg zien die hij aflegde van het 11-jarige schoffie dat tot schrik van zijn ouders aan het eind van een fotosessie opeens uitriep: 'En nu alle Nederlandse pers opgerot,' tot aan de man die hij is geworden.

In ieder hoofdstuk maakt de lezer kennis met een ander facet van zijn persoonlijkheid. Geestig, recht voor zijn raap, eigenzinnig, licht ontvlambaar, maar ook een onderhoudend causeur en sociaal. Kortom: een man van vlees en bloed.

Nagenoeg alle afgedrukte foto's van Hans Peters zijn gemaakt op eigen initiatief, zonder bemiddeling of toestemming van de Rijksvoorlichtingsdienst (RVD). Het is precies om deze reden dat de geselecteerde foto's in samenhang met verhalen uit de eerste hand, een origineel en typerend beeld geven van de man die op 30 april 2013 als Koning der Nederlanden de troon besteeg.

Dit boek is bestemd voor iedereen die meer wil weten over wie die 'man onder de kroon' nu precies is, hoe hij denkt en in elkaar steekt.

De verhalen bieden ook een blik achter de schermen van de journalistiek en geven inzicht in de vele uitdagingen en de moeilijkheidsgraad waarmee journalisten worden geconfronteerd bij het verzamelen van informatie over het dagelijks leven en het functioneren van de hoofdrolspeler in dit boek.

Woord van dank

Dit boek had niet geschreven kunnen worden als ik niet over een reeks van jaren de ruimte had gekregen zo nu en dan een blik te werpen achter de schermen van het koninklijk bedrijf.

Mij past een woord van dank aan prins Willem-Alexander, die mij bij talloze officiële maar soms ook niet-officiële gelegenheden en vele bijzondere buitenlandse missies in zijn omgeving heeft geduld. Hoewel de contacten altijd professioneel en op armlengte bleven, denk ik vooral met plezier terug aan momenten waarbij er ruimte was voor luchtigheid en een knipoog.

Dankbaar ben ik nog immer voor de uitnodiging in 1995, om prins Claus en zijn oudste zoon, de prins van Oranje, te vergezellen op hun trektocht door de binnenlanden van Tanzania. Deze achtdaagse vader-en-zoon-reis, met Landrovers dwars door het land waarin prins Claus zijn jeugd doorbracht, heeft mij in alle opzichten verrijkt.

Een woord van waardering is op zijn plaats aan het adres van mijn vroegere werkgever *De Telegraaf*, al was het maar voor de nagenoeg onbeperkte journalistieke vrijheid en financiële armslag die mij destijds werd vergund om tot in de verste uithoeken in het kielzog te kunnen blijven van de hoofdpersoon van dit boek. Oprechte dank ben ik ook verschuldigd aan Johannes Dalhuijsen, reisgenoot en collega gedurende vele jaren.

Jessa van Vonderen, voormalig hoofd Pers en Publiciteit van de Rijksvoorlichtingsdienst (RVD), blijf ik altijd erkentelijk voor de no-nonsense manier waarop zij mij wegwijs heeft helpen maken in een voor mij tot dan toe gesloten en complex bolwerk. Zij was een verademing vergeleken met de hiërarchische, met strenge codes omgeven entourage van hovelingen.

Speciale dank gaat uit naar de fotografen:
Vincent Mentzel (*NRC*), Paul Vreeken (ANP), Patrick Meis, Nico Koster, H.J. de Groot en Dimitri Beliakov, voor hun bijzonder genereuze bijdragen aan dit boek. Dankbaarheid en bewondering gaat uit naar Tim Mosedale (GB), vier keer bedwinger van Mount Everest, voor zijn *stunning picture* in het Nepal-verhaal. Ook Frits Kok, Ben Hageman (Key-Color) en Cees van Veelen verdienen erkenning voor hun fototechnische ondersteuning.

Harry van Wijnen, oud-redacteur van *NRC Handelsblad* en schrijver van onder andere de klassieker *De Prins-Gemaal*, wil ik uit de grond van mijn hart danken voor zijn waardevolle adviezen, inspirerende woorden en onmisbare support bij de afronding van dit project.

Enzo Peters verdient lof voor de fraaie vormgeving van het boek. Hij leende zijn talent en geduld – sorry voor alle detail-geneuzel – meer dan ruimhartig uit.

Tja, en wat te zeggen over Hans Peters, co-auteur van dit boek? Vanaf de Molukse treinkaping in De Punt (mei 1977) zijn wij een journalistiek leven lang met elkaar opgetrokken. Zowel binnen als buiten het veld. Zonder overdrijving kan ik zeggen dat dit boek er zonder hem niet was geweest. Dank Hanzip! En in jouw kielzog is dit boek natuurlijk ook voor Vera en nooit te vergeten, Joke.

Tot slot dank ik onze uitgever, Marie-Anne van Wijnen van uitgeverij De Kring. Zij schonk ons focus en vertrouwen en van meet af aan het goede gevoel.

Hoog uitstijgend boven dit alles, ben ik dank verschuldigd aan mijn prachtige gezin: Nanci Adler en Zoë & Noah, our twins – my everything. Voor hen heb ik dit boek geschreven.

Rob Knijff

‘Heb je een Ajax-hart? Laat het dan spreken!’

Drie Oranjeklanten op de tribune van het Olympisch Stadion

‘Heb je een Ajax-hart? Laat het dan spreken!’ Het waren gevleugelde woorden die Ajax-voorzitter Ton Harmsen vaak gebruikte. Harmsen was de grote baas bij Ajax van 1978–1988. Hij introduceerde de shirtsponsoring en skyboxen in het Nederlandse voetbal.

Bijna iedere thuiswedstrijd waren Hans Peters en ik bij Ajax te vinden. Na afloop was de bestuurskamer een geweldige plaats om te netwerken. De hoofdcommissaris van politie was er, de burgemeester, altijd wel een minister. Je kon ze daar zomaar informeel aanspreken. Op een of andere gekke manier waren wij zo, in die bijzondere Ajax-wereld, bevriend geraakt met Ton Harmsen.

‘Zo zeikerdjes, wat komen jullie nu weer doen?’

Wij waren jonge honden, op zoek naar nieuws. ‘Zo zeikerdjes, wat komen jullie nu weer doen?’ vroeg hij dan op z’n plat-Mokums. Als het zondags laat werd in de bestuurskamer wilde Harmsen vaak nog ergens een hapje eten, meestal in zijn favoriete restaurant in Volendam, of bij La Brochette in Buitenveldert. Ton hield van gezelligheid en mensen om zich heen. Hij nodigde Hans en mij regelmatig uit voor zo’n zondagavonddiner na de wedstrijd.

Wij vonden het schitterend aan tafel te schuiven bij bestuursleden, de trainer en clubarts Otto Stibbe, om uit eerste hand te horen wat er speelde en welke spelers er gekocht of verkocht gingen worden (zoals het vertrek van publiekslieveling Tscheu La Ling). ‘De volgende keer moet je je vrouwtje meenemen,’ zei Ton meestal gastvrij bij het afscheid. Dat deden wij soms.

‘Rooie jongetjes’

Hans en ik bezochten Harmsen en zijn vrouw Vera ook wel thuis in Avenhorn. Een biertje werd in huize Harmsen geserveerd in glazen met een sterling zilveren voet. ‘We moeten die rooie jongetjes eens aanpakken,’ bulderde hij dan, doelend op PvdA-voorman Joop den Uyl, die welgestelde zakenmensen zoals Harmsen begin jaren tachtig aan alle kanten financieel probeerde te plukken, met onzalige socialistische ideeën als de Vermogensaanwasdeling (VAD).

Harmsen vond het prachtig als er ‘koninklijke belangstelling’ was bij belangrijke Ajax-wedstrijden. En hij trof het: Willem-Alexander en zijn broers Johan Friso en Constantijn lieten hun

Van links naar rechts: Keje Molenaar, Johnny van 't Schip, Sonny Silooy, half verscholen Peter Boeve, 'Oom Hans' Teengs Gerritsen, de Prins van Oranje, Ajax-voorzitter Ton Harmsen en materiaalman Sjaak Wolfs.

De jonge prins doet mee aan een fluitconcert tijdens de wedstrijd Ajax-Feyenoord.

'Ajax-hart' met regelmaat en overduidelijk spreken. Zo ook in 1983, toen Ajax aan de hand van de teruggekeerde Johan Cruijff zowel landskampioen werd als de KNVB-beker won.

De prinsen bezochten Ajax meestal in gezelschap van oud-verzetsman Hans Teengs Gerritsen, een vriend van hun grootvader, prins Bernhard. Teengs Gerritsen, 'Oom Hans' voor de jongens, was een icoon in de Tweede Wereldoorlog. In 1942 werd hij door de Duitsers ontmaskerd als spion voor de geallieerden. Hij overleefde wonderwel de concentratiekampen Natzweiler-Struthof en Dachau. Na de oorlog werd de met een aureool omgeven Teengs Gerritsen zakenman en lobbyist voor de Amerikaanse vliegtuigbouwer Lockheed. Prins Bernhard zou hier later nog zwaar zijn vingers aan branden, maar dat is een ander verhaal.

Heiligdom

Harmsen fluisterde Hans Peters in 1983 in dat de prinsen Willem-Alexander, Johan Friso en Constantijn als gast van Ajax vóór de wedstrijd een bezoek zouden brengen aan de spelerskleedkamer. Normaal gesproken was dit een heiligdom waar geen buitenstaander binnen kwam, en zeker niet vóór de wedstrijd.

Johan Cruijff, die na Barcelona, Los Angeles Aztecs, Washington Diplomats en Levante opnieuw op het Ajax-nest was teruggekeerd, was niet blij met de verstoring van de concentratie. Toch tekenden alle spelers een wedstrijdshirt voor prins Willem-Alexander, die als bescheiden supporter, duidelijk een tikje bedremmeld, met zijn programmaboekje in de hand staat te wachten tot 'meneer Cruijff' even tijd heeft.

Vlak na deze ontmoeting stapte de grootste Ajacied aller tijden weer op bij zijn club. Na een conflict met voorzitter Harmsen over geld (Cruijffs jaarsalaris van anderhalf miljoen gulden) ver-

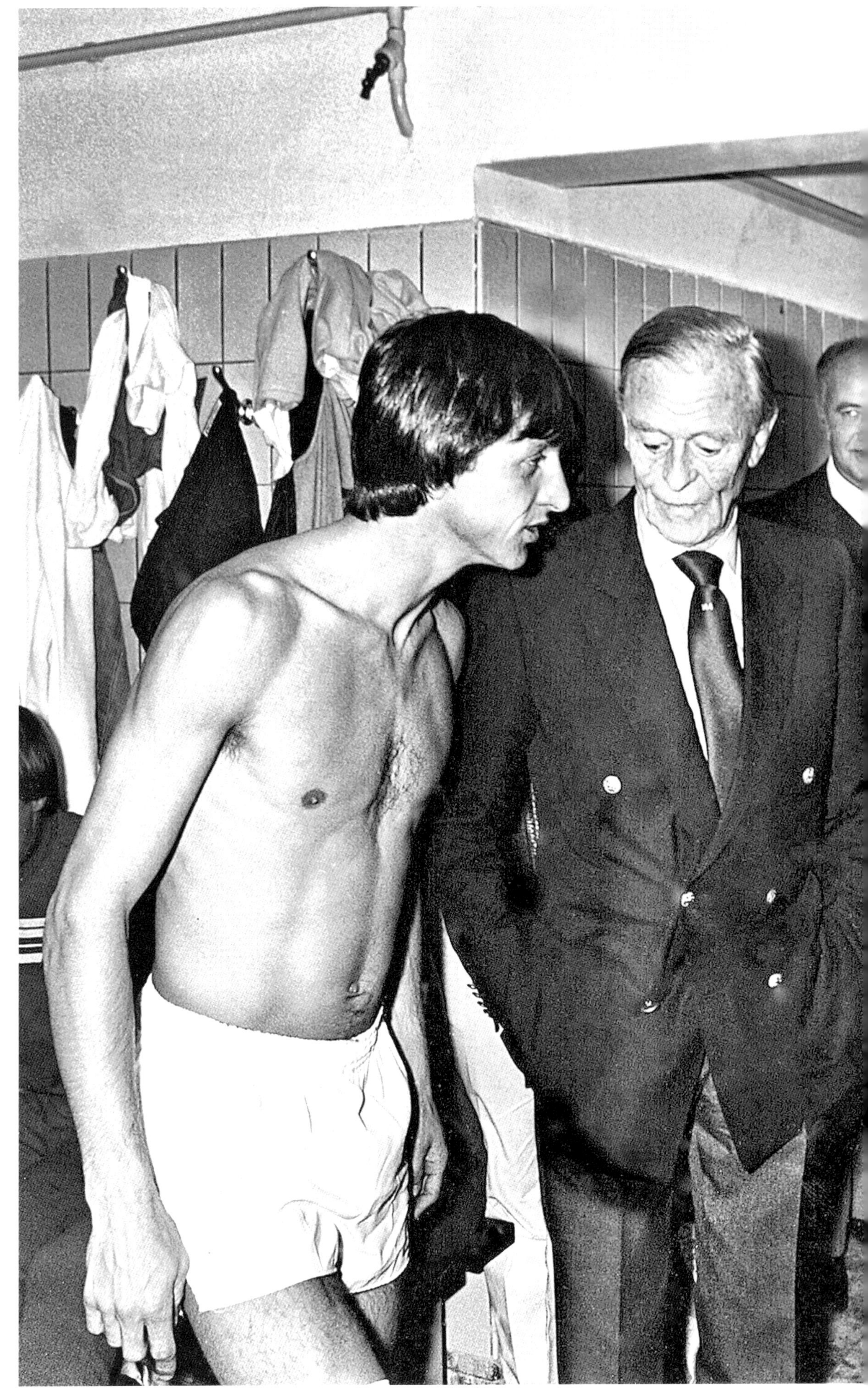

adidas

ruilde de legendarische 'nummer 14' al na twee seizoenen de club waar hij groot was geworden voor aartsrivaal '010' (Feyenoord), dat het seizoen erop aan de hand van Cruijff landskampioen zou worden.

De val van een markante brombeer

Ton Harmsen raakte eind 1988 pal nadat hij als voorzitter was teruggetreden verzeild in de zogenaamde FIOD-affaire bij Ajax. Onder zijn bewind zou de club zich hebben schuldig gemaakt aan belastingontduiking bij transfers van Sören Lerby, Frank Arnesen en nog twee spelers. De FIOD viel met veel wapengekletter bij Harmsen en andere bestuursleden binnen, maar uiteindelijk bleef van de hele zaak bitter weinig over. De FIOD gebruikte de inval bij Ajax vooral als voorbeeld naar andere clubs in het betaald voetbal.

Het draaide uit op een boekhoudkundig verschil van inzicht en Ajax moest 1 miljoen gulden terugbetalen aan de fiscus. Ton Harmsen kreeg een boete van 175.000 gulden, omdat een en ander zich onder zijn voorzitterschap had afgespeeld. Clubman Harmsen betaalde dit uit eigen zak, evenals zijn advocatenkosten, die tot bijna 500.000 gulden waren opgelopen. De zaak sleepte drie jaar en eindigde in een anticlimax.

Harmsen, die in zijn tijd als voorzitter nooit een gulden aan Ajax had verdiend, betaalde in zijn privéleven een zeer hoge prijs voor deze affaire. Hij werd vier dagen lang vastgehouden voor verhoor en kreeg enkele dagen na zijn vrijlating een herseninfarct.

Het nieuwe Ajax-bestuur, onder aanvoering van Michael van Praag, liet Harmsen en de overige bij deze affaire betrokken oud-bestuursleden (Lou Bartels, Arie van Eijden) als een baksteen vallen. Harmsen leed onder dit gezichtsverlies en kwam dit nooit meer te boven.

Kort voor zijn dood in 1998, ontving Harmsen thuis in Avenhorn nog wel een brief van Ajax dat hij was geroyeerd als lid. Hij heeft de enveloppe nooit geopend, maar op de schoorsteenmantel van zijn open haard laten staan. De man die Ajax miljoenen had opgeleverd als uitvinder van de skyboxen en shirtsponsoring stierf eenzaam, onbegrepen en verbitterd aan de gevolgen van suikerziekte.

Ajacied

De jonge prins had natuurlijk geen enkele boodschap aan wat zich achter de schermen allemaal had afgespeeld. Hij kwam voor het voetbal en Ajax speelde in die dagen nu eenmaal het mooiste voetbal. Toch was het opvallend dat Willem-Alexander er openlijk voor uitkwam dat zijn hart bij Ajax lag. Van kinds af aan was hem aangeleerd niet te koop te lopen met zijn persoonlijke voorkeuren. Als toekomstige koning moest hij immers boven de partijen staan. Wat betreft zijn favoriete voetbalclub had Alexander hier gewoon maling aan.

'Voor wie ben jij eigenlijk'

Prins Claus plaagde zijn zoon wel door hem in gezelschap quasi-nonchalant te vragen: 'Zeg Alexander, voor wie ben jij eigenlijk met voetbal?' Een grapje tussen vader en zoon, dat Willem-Alexander steevast beantwoordde met: 'Voor het Nederlands elftal natuurlijk.' Maar hoe hij echt dacht, daarvan maakte hij geen geheim.

■ Ajax-voorzitter Ton Harmsen en zijn echtgenote Vera.
Rechts naast prins Willem-Alexander zijn broer prins Johan Friso.

Een totaal verregende Oranjeruiter in Nunspeet

Handen uit de mouwen, voeten in de klei

Midden in de Pinkstervakantie van mei 1983 besloten we een kijkje te nemen bij de Open dressuur- en springwedstrijden in Nunspeet, waaraan de 16-jarige Prins van Oranje deelnam.

Het was een grauwe regenachtige donderdag, deze 12de mei. Op de Veluwe spookte het behoorlijk, door een gure wind. De liefde voor de paardensport was kennelijk via moeder Beatrix en grootvader Bernhard op Alexander overgewaaid. Prins Bernhard overwoog in 1948 zelfs om als springruiter deel te nemen aan de Olympische Spelen in Londen. Zover is het echter nooit gekomen. Wel was Bernhard vier jaar later in 1952 chef d'équipe van de Nederlandse ruiterploeg bij de Olympische Spelen in Helsinki.

Niet-benijdenswaardige thuissituatie

Niet alles in het leven van de 16-jarige Willem-Alexander verliep in die dagen florissant. Vader Claus worstelde begin jaren tachtig voor het eerst openlijk met hardnekkige depressieve klachten en moeder Beatrix beet zich vast in haar nieuwe baan als koningin. Deze niet-benijdenswaardige thuissituatie werkte door binnen het gezin, maar ook op het schoolleven. In zijn vrije tijd vond Willem-Alexander afleiding in de ruitersport. Hij bracht in Den Haag veel tijd door in de Koninklijke Stallen, waar opperstalmeester Hans van den Hout de scepter zwaaide en de zweep liet knallen over de rijopleiding van de prins. Op de schoolsituatie komen we in het volgende hoofdstuk uitgebreid terug.

Autumn Haze en Charleston

Het Concours Hippique in Nunspeet werd afgewikkeld in de stromende regen. Er bestaat een oude tegeltjeswijsheid in de paardenwereld: 'Op de rug van het paard, is de hemel op aard.' Maar met alle hemelwater dat deze dag naar beneden kwam, moest je wel een extreme liefhebber zijn van de ruitersport.

Op uitnodiging van de Nunspeetse rij- en jachtvereniging was Willem-Alexander 's ochtends samen met opperstalmeester Van den Hout en de koninklijke veewagen AA-80 naar Nunspeet gereden. Met zijn twee favoriete paarden Autumn Haze en Charleston zou hij meedoen aan de wedstrijden. Onder zijn eigen naam 'Alexander van Oranje' stond de prins vermeld in de startlijsten. Buiten het slechte weer, wees niets erop dat dit een memorabele dag zou worden.

'Alexander van Oranje' reed een strakke dressuurproef

Met Autumn Haze reed de prins 's ochtends een strakke middelzware dressuurproef. Dat is bin-

Geconcentreerd en stijlvol neemt 'Alex van Oranje' met zijn paard Charleston een hindernis.

nen de ruitersport niet het hoogste 'Z'-niveau, maar daar vlak onder en qua zwaarte heel respectabel. De prins was een aardige ruiter!

Bij de springwedstrijden 's middags idem dito. Met Charleston kwam hij het parcours goed rond, maar hij gooide er bij twee hindernissen een balk af, waardoor hij buiten de prijzen viel.

Tot z'n enkels in de modder

Na een geslaagde maar natte dag, wachtte de prins en zijn entourage echter een stevige tegenvaller. De koninklijke veewagen was door de aanhoudende plensregen tot aan zijn assen scheef weggezakt in de modder. Er was geen beweging meer in het gevaarte te krijgen. Sterker nog, bij iedere poging de AA-80 vlot te trekken, zakte deze steeds dieper weg in de bagger.

'Nou, daar zijn we lekker klaar mee,' reageerde de prins laconiek. Er zouden drie hoogwerkers aan te pas komen, die maar liefst zes uur nodig hadden om de veewagen weer op het droge te krijgen. Willem-Alexander peinsde er niet over zijn mensen in de steek te laten en bleef de volle zes uur solidair in de regen wachten. Tot z'n enkels in de modder, totaal verkleumd en drijfnat.

Natuurlijk had hij zich gemakkelijk door een andere AA-auto kunnen laten ophalen en thuis achter een kop hete soep kunnen zitten. Het was niet in hem opgekomen. Zijn devies was kennelijk: samen uit, samen thuis!

Verkleumd en met zijn laarzen tot aan zijn enkels in het regenwater kijkt prins Willem-Alexander naar de pogingen om de AA-veewagen vlot te trekken uit de modder. Naast hem opperstalmeester kolonel Hans van den Hout, adjudant van de koningin.

Super kostschooljaren in Wales (1983-1985)

Ramen lappen, gokken op de paardenraces

De mededeling in de zomer van 1983 dat de 16-jarige Oranje-teenager zijn schoolcarrière met ingang van het nieuwe schooljaar zou voortzetten op een Engelse kostschool, kwam voor de buitenwereld als een verrassing. Over deze opvallende schoolswitch zou hij later zelf zeggen: 'Ik vond mijzelf in die tijd niet lastig en mijn ouders vonden zichzelf niet lastig. Maar wij vonden elkaar behoorlijk lastig.' Zijn schooljaren in Engeland zouden cruciaal blijken voor de vorming van de prins.

Vergezeld van zijn beide ouders meldde student Alexander van Oranje zich op 1 september 1983 voor zijn eerste schooldag op het UWC Atlantic College in Wales. De prestigieuze internationale school is gehuisvest in St. Donats Castle, een twaalfde-eeuws kasteel in het glooiende landschap van Zuid-Wales vlak aan zee.

In zijn welkomstwoord tot de jonge prins liet rector Stewart geen misverstand bestaan over de strikte Engelse kostschoolregels die hem boven het hoofd hingen. 'Het is goed hem hier te hebben, maar hij zal hier net zo behandeld worden als ieder ander. Dat zal hij vermoedelijk zelf zo willen; in ieder geval is dat wat hem bij ons te wachten staat.'

De prins zou er te midden van 350 studenten van maar liefst negentig verschillende nationaliteiten twee fantastische jaren doorbrengen. Hij leerde in Wales op eigen benen staan en raakte bevriend met studiegenoten uit alle windstreken van de wereld. Hij genoot er een internationale opleiding met in het curriculum veel aandacht voor vredesvraagstukken en milieuproblematiek, maar ook voor sociale vorming. Verplicht onderdeel op het lesrooster waren de zogenaamde 'community services'.

In het nabijgelegen dorp Llantwit Major werden de studenten in het weekeind ingeschakeld bij het doen van allerlei huishoudelijke klusjes voor bejaarden en hulpbehoevenden, zoals boodschappen doen en ramenlappen. De snelste manier om van school naar het dorp te komen, een paar kilometer verderop, was liften. En zo stond Alexander wekelijks met zijn duim omhoog langs Dimlands Road om zichzelf een stevige tippel te besparen. De dorpsbewoners van Llantwit Major waardeerden de student uit Nederland, juist omdat hij net als ieder ander de handen uit de mouwen stak en snel was ingeburgerd in de kleine dorpsgemeenschap.

Willem-Alexander in training als Life Guard bij de reddingsbrigade van het Atlantic College in Wales.

■ De eerste schooldag op St. Donats Castle. Prins Willem-Alexander maakt samen met zijn ouders kennis met zijn klasgenoten. *Foto: ANP*

Crofters

In het weekeinde was Crofters, midden in het dorp, één van de vaste verzamelplaatsen voor de scholieren. Een typisch Engelse pub, pal tegenover de kerk en een eeuwenoud kerkhofje. Het was er gezellig en je kon er aardig eten voor een billijke prijs. De waardin van Crofters zorgde als een moeder voor haar studenten en Willem-Alexander had een warme band met haar. 'Hé Alex,' riep zij altijd vrolijk ter begroeting als hij binnenkwam om met zijn vrienden op televisie naar een voetbalwedstrijd uit de Premier League te kijken. 'Hij was een spontane, aardige jongen die met iedereen wel een praatje maakte.'

Sinds hij op kostschool zat in Wales was hij in no time als een raket de lucht ingeschoten en de 1.80 meter ruim gepasseerd. Vreemden in de pub vertelde hij nooit wie hij was, maar als een diplomaat in de dop wist hij het gesprek bijvoor-

Willem-Alexander stapt na een bezoek aan Crofters, in het centrum van Llantwit Major, in de auto van één van zijn Nederlandse beveiligers.

beeld wel heel behendig op de gunstige ligging van Schiphol te brengen, of op de kracht van het Nederlandse bedrijfsleven. Multinationals als Unilever, Philips en Heineken hadden een goeie aan hem.

'Ik trouw pas als ik vijftig ben, met een meisje van zestien.'

Maar gelukkig kon hij zich in Crofters ook met luchtiger alledaagse zaken bezighouden. 'Wordt het niet eens tijd voor een vriendinnetje?' wilde de waardin plagend weten. Tekenend voor de sfeer was het lachende antwoord van de jonge stamgast: 'Ik trouw pas als ik vijftig ben, met een meisje van zestien.' Zeventien jaar was hij toen.

De prins ontwikkelde in die dagen nog een andere oer-Britse hobby: hij was gek op de paarden-

WIllem-Alexander speelt een drenkeling op het strand van Wales en wordt door klasgenoten in veiligheid gebracht.

races en het gokken op de uitslag hiervan. Een enorm populair tijdverdrijf in Groot-Brittannië en dito gespreksonderwerp in de pub, waar de races op televisie zijn te volgen.

De Engelse kranten besteden dagelijks pagina's aan dit tijdverdrijf. Willem-Alexander verslond en analyseerde het nieuws rond de paardenrennen en wist de weg naar bookmaker Ladbroke in het dorp blindelings te vinden. 'Weer verloren,' lachte hij quasi-teleurgesteld als hij net buiten het prijzengeld was gevallen, om vervolgens met zijn vrienden lachend in discussie te gaan over mogelijke kanshebbers in de volgende race.

De foto's die Hans Peters in 1984 maakte van de prins tijdens de Life Guard-training van de reddingsbrigade van zijn school, vangen heel goed de sfeer en kameraadschap waarmee Willem-Alexander op het Atlantic College was omgeven. Hij ging erheen als een rebelse onhandige puber en kwam terug als een zelfverzekerde jongeman die op eigen benen had leren staan. Een diploma op zak en een Rolodex gevuld met vrienden en relaties voor het leven.

Reünie

Direct na het bekend worden van de troonsafstand van koningin Beatrix in 2013 reageerde het UWC trots via zijn website op het nieuws: 'UWC alumnus to become King of the Netherlands'. Schoolprincipal John Walmsley was de eerste die zijn oud-student feliciteerde met zijn aanstaande koningschap. Op de website van UWC Atlantic College schreef de rector:

'Our alumni go on to achieve many different things, from founders of charities to Olympians, astronauts, politicians, global business leaders and environmentalists. We offer our heartfelt congratulations as Willem Alexander takes over as a monarch. We are confident that his UWC experience will stand him in good stead for his new challenge as king and will provide part of the foundation for his reign and for the impact he will make on his country and the wider world.'

Dat Willem-Alexander een warme plek voor zijn school heeft behouden, blijkt uit het feit dat hij er regelmatig terugkeert voor een reünie. Hij is de eerste koning die de school heeft voortgebracht.

Reanimatie van slachtoffers is één van de vaardigheden die studenten van het Atlantic College worden bijgebracht. Willem-Alexander doet zijn best de oefening levensecht te laten lijken.

Friese eieren met spek en een volle schaal bitterballen!

Alles uit de kast voor het Elfstedenkruisje

Op dinsdag 25 februari 1986, de dag voor de veertiende Elfstedentocht van start zou gaan, rinkelde thuis bij Hans Wiegel in het Friese Giekerk de telefoon. De commissaris van de koningin in Friesland was op dat moment zelf niet aanwezig, zijn echtgenote Marianne pakte de hoorn op. 'U spreekt met Willem-Alexander. Ik wil morgen graag meedoen aan de Elfstedentocht, zou ik misschien bij u kunnen overnachten?'

De 'Hoofd-Commissaris', zoals Marianne vaak gekscherend door Hans Wiegel werd genoemd, was even van slag. Zij dacht aan een grappenmaker en antwoordde diplomatiek: 'Het lijkt mij het beste als u even met mijn man belt, die is op het Provinciehuis,' en hing op. Twee minuten later rinkelde bij het secretariaat van Wiegel de telefoon. Natuurlijk was de prins van harte welkom de nacht bij de Wiegeltjes in Giekerk door te brengen!

Eén telefoontje naar het bestuur van de vereniging De Friesche Elfsteden en de 'Grote IJsmeester', zoals Wiegel door zijn provinciegenoten werd genoemd, had de drie felbegeerde startbewijzen voor de prins en twee begeleiders te pakken. Om de deelname van de 18-jarige prins voor de buitenwacht zo lang mogelijk geheim te houden, werd hij ingeschreven onder de schuilnaam: 'W.A. van Buren'. Een alias die de prins vaker gebruikte als hij dingen incognito wilde doen. En zo pakte adelborst W.A. van Buren, die net aan zijn marineopleiding in Den Helder was begonnen, inderhaast thuis wat spullen bij elkaar en sprong in de AA-auto met chauffeur richting logeeradres in Giekerk.

De State Poelsicht

De familie Wiegel bewoonde op het Friese platteland in Giekerk, gemeente Tietjerksteradeel, een prachtig landhuis: De State Poelsicht. De Friese commissaris had dit fraaie landgoed in 1985 gekocht en bij de verbouwing in datzelfde jaar – op last van de landelijke overheid – direct een speciale 'Koninginnekamer' aan het huis laten bouwen. Onder het motto: 'Je weet maar nooit wanneer het staatshoofd onverwacht op je stoep staat voor gratis onderdak en ontbijt.'

Een voorziening die ook bestaat bij de meeste Nederlandse ambassades en nog stamt uit vervlogen tijden. In feite kwam prins Willem-Alexander dus als geroepen om de splinternieuwe logeerkamer in Giekerk officieel in gebruik te stellen.

Hans Wiegel: 'Het was reuze gezellig en ik heb de prins 's avonds zelf naar bed gebracht.'

Ook jaren na dato weet Wiegel nog smakelijk te vertellen over dit bijzondere bezoek van de toenmalige kroonprins, die twee nachten zou doorbrengen op De State Poelsicht. 'Het was reuze gezellig allemaal. De chauffeur van de prins hebben wij ondergebracht bij de buren. Zo gaat dat in Friesland. Daarna hebben we wat gegeten en nog een beetje zitten kletsen.'

'Die avond kreeg ik nog een telefoontje van ons commandocentrum, dat een groep feestende Friezen die iets te diep in het glaasje hadden gekeken, voor een gevaarlijk situatie zorgde op het ijs langs de route. Ik heb toen direct een paar legerhelikopters besteld en die laag over de feestgangers laten vliegen, zodat zij door de windkracht van de wieken van het ijs werden geblazen. Dat waren nog eens leuke dingen voor de commissaris! We moesten er niet aan denken dat er mensen door het ijs zouden zakken. Dan was het hele feest niet doorgegaan. Veiligheid ging boven alles.'

Hans Wiegel: 'Wij hebben het die avond natuurlijk niet te laat gemaakt, want we moesten de volgende ochtend om kwart over vier opstaan. Ik heb de prins zelf naar bed gebracht en gevraagd: "Wat wilt u voor het ontbijt: havermout of eieren met spek?" Hij koos het laatste. Ik zei: "Dit moeten we natuurlijk wel even aan uw moeder rapporteren." Dikke pret. En zo stond ik de volgende

In de dagen voor de Elfstedentocht werden er veel bivakmutsen verkocht tegen de kou. Het leek ons een leuk idee om Hans Wiegel met zo'n muts op in het provinciehuis te fotograferen. De VVD-coryfee, altijd in voor een geintje, zei: 'Ik heb een veel beter idee. Zet jij die muts zelf maar op, dan gaan we samen op de foto.' Hans Wiegel (links), Rob Knijff (rechts).

ochtend om half vijf eieren met spek te bakken. Echte Friese eieren.'

De jongens van de Basisweg

Hans Peters en ik konden het prima vinden met de commissaris van de koningin in Friesland. Dit stamde nog uit de tijd dat Wiegel minister van Binnenlandse Zaken was én vicepremier in het kabinet-Van Agt-Wiegel (1978-1982). Als politiek redacteur voor *De Telegraaf* bivakkeerde ik jarenlang op en rond het Haagse Binnenhof, juist in de tijd dat Hans Wiegel er zijn politieke gloriedagen beleefde.
Onze paden kruisten elkaar veelvuldig. Het was een goed huwelijk tussen Hans Wiegel en *De Telegraaf*, dat regelmatig zorgde voor sappig nieuws. Met name de striemende oneliners waarmee Wiegel zijn politieke opponent Joop den Uyl destijds de gordijnen in joeg, waren voor veel lezers om te smullen. Tegenover óns journalisten - de brengers van het nieuws - had hij het nooit over *De Telegraaf*, maar sprak hij altijd vol genegenheid over 'onze bladen' of 'de jongens van de Basisweg'.

Een briefje van de minister: 'Aan de Hoofd-Directeur van De Telegraaf'

Ooit stuurde ik minister Wiegel een opbeurend briefje, toen hij kampte met gezondheidsklachten. Kort hierna plofte er een dankwoordje in mijn postvak aan de Basisweg. Op de enveloppe had hij geschreven: 'Aan de Weledele heer R.F. Knijff, Hoofd-Directeur van *De Telegraaf*.' Om die 'joke' kon de échte hoofdredacteur van *De Telegraaf*, mr. Henri Goeman Borgesius, smakelijk lachen. En ik natuurlijk helemaal.

Gezien deze goede relatie sprak het bijna voor zich dat Hans Peters en ik in februari 1986 tot het legertje *Telegraaf*-reporters behoorden dat naar Friesland reisde om verslag te doen van de veertiende Elfstedentocht. Nog onwetend van de deelname van ene W.A. van Buren.

Het idee om aan de Elfstedentocht mee te doen was pas twee dagen tevoren in het hoofd van de 'graaf van Buren' opgekomen. De Prins van Oranje was op dat moment fulltime bezig met zijn opleiding tot marineofficier bij het Koninklijk Instituut voor de Marine (KIM) in Den Helder. De week voor de Elfstedentocht had hij met collega-adelborsten nog een oefening gehouden op Texel.
De Elfstedenkoorts heerste op dat moment in het hele land. Tijdens het slepen met boten en kettingen op Texel was de Elfstedentocht ter sprake gekomen en na wat grappen over en weer had 'Aro' van Oranje - zijn aanspreektitel die stond voor aspirant-reserveofficier - vol bravoure tegen één van zijn marinematen geroepen dat hij best in staat was de Elfstedentocht te rijden. Die weddenschap werd direct in steen gehouwen, met louter de eer als inzet.

'IJskoningin'

Terugblikkend was dat natuurlijk een daad van jeugdige overmoed. Karaktervol maar onbezonnen. Want hoewel de prins best een aardige schaatser was, was er van een serieuze voorbereiding op een dergelijke zware tocht geen sprake geweest. Eén keer had hij 65 kilometer op natuurijs gereden. En een paar keer was hij gesnapt op een ijsbaan in de bevallige slipstream van schaatsdiva Yvonne van Gennip, met wie hij het goed kon vinden en die twee jaar later als 'ijskoningin' drie gouden medailles zou veroveren op de Olympische Winterspelen van Calgary.
Bij lange na niet voldoende trainingsarbeid om met een gerust hart aan een monsterrit over 200 kilometer te beginnen.

De State Poelsicht: het gezellige optrekje van de Wiegeltjes in Giekerk.

Iemand die dit gevaar destijds wel goed inschatte was marineofficier Ad van de Sande, één van de opleiders van Alexander. Zodra Van de Sande lucht kreeg van de weddenschap, hief hij de waarschuwende vinger. 'Weet waaraan je begint, je hebt nauwelijks getraind en iedereen mag straks halverwege de tocht afhaken, maar uitgerekend jij kan dat niet maken.'

Voorbereiding Team Van Buren

Met die waarschuwing in de oren werd de prins op woensdag 26 februari 1986, na zijn ontbijt met Friese gebakken eieren en spek, om vijf uur 's ochtends afgezet bij Motel Leeuwarden. De overnachtingsplaats van Anne Folkertsma en Jantinus van der Kuijl, twee goed getrainde politierechercheurs van de Veiligheids Dienst Koninklijk Huis (VDKH), die de Oranje-deelnemer op zijn tocht zouden begeleiden. Beiden goede schaatsers, ook al hadden ook zij dat jaar nog nauwelijks kilometers in de benen.

Het team van de prins bestond verder uit nog twee secondanten: de chauffeur van de prins en

de Friese hoofdinspecteur van politie Fokke Jan Vonck, die altijd werd ingeschakeld wanneer leden van het Koninklijk Huis zich in de Friese dreven vertoonden.
Dit duo zou de prins en zijn bodyguards onderweg van warme chocolademelk en proviand voorzien, door met de auto steeds stukjes vooruit te rijden. En zo werd het trio Van Buren die dag, samen met 16.996 andere schaatsfanaten, om 5.30 uur in het pikkedonker losgelaten uit de Frieslandhallen. De prins was onherkenbaar door een ijsmuts en grote skibril. Hij was de eerste Oranje ooit die zich aan deze oer-Hollandse folkloristische beproeving waagde. Heel lang zou de prins echter niet genieten van zijn anonimiteit.

Willem-Alexander in het vizier

Hoe het precies uitlekte valt niet exact meer te achterhalen, maar feit is dat Hans Peters en ik al heel snel na de vroege start oppikten dat prins Willem-Alexander zich onder de deelnemers zou bevinden. Het gerucht zou pas veel later die dag worden bevestigd vanuit Den Haag, maar Hans

■ Bofkont: oefenen met olympisch kampioene Yvonne van Gennip. *Foto: ANP*

en ik hadden inmiddels ons eigen plan getrokken en waren per auto hard vooruit gereden. Wij wilden voorbij de voorste toerrijders komen om de schaatsende Van Oranje ergens op een mooie plek in een typisch Hollands decor vast te leggen. Wij waren altijd op zoek naar nieuws en als dit zou lukken, wisten wij ons zo goed als verzekerd van een plekje op de voorpagina de volgende dag.

En het geluk was met ons. Na geduldig wachten pikten wij de prins en zijn begeleiders direct uit de stroom van duizenden toerrijders. Na zo'n 40 kilometer schaatsen maakte Alexander deel uit van een treintje van een man of zes. Hij zat ergens in het midden en zat mooi diep. Het oogde geoefend en soepel. Wat ons echter nog meer opviel waren de schaatskleren van de prins. Niks aerodynamica of fancy schaatspak.

Heel apart

Een ruim zittende groene sweatpants, een roodwit sportjack met hieronder zijn schooltrui van het Atlantic College en een wollen muts met een skibril! Wat wij toen nog niet zagen was dat op zijn rood-witte sportjack duidelijk zichtbaar het sigarettenmerk Marlboro prijkte. De 18-jarige Oranje-teenager rookte er in die dagen lustig op los, maar dat hij tijdens het rijden van de Elfstedentocht reclame maakte voor de Amerikaanse tabaksgigant Philip Morris, dat was – laten we het vriendelijk zeggen – wel heel apart.

Later die dag kwamen wij erachter dat het allemaal nog veel mooier was. Marlboro was niet het enige reclame-uithangbord waarmee de prins deze Tocht der Tochten schaatste. Op zijn trainingsbroek prijkte het logo van Playboy Inc, de uitgever van het Amerikaanse mannenblad met aantrekkelijke blote dames. En op zijn schaatspet stond verzekeraar Aegon.

Portret van een koning in wording: een bij Aegon verzekerde, Marlboro rokende 'playboy', in het bezit van een internationaal baccalaureaat van Atlantic College

Hans en ik vonden het wel een mooie stunt. De eigenzinnigheid paste echt bij de 18-jarige prins van toen. Zo van: 'Wat ik tijdens het schaatsen aantrek, dat maak ik helemaal zelf uit.' Bovendien meende toerrijder Van Buren dat hij deze dag incognito was en dat het dus op de keper beschouwd om een privéaangelegenheid ging.

Wij maakten nog de grap dat 'huisvriend' Freddy Heineken zich vermoedelijk zwaar in de zak getast zou voelen, dat Alexander voor hem geen plekje had ingeruimd voor 'Heerlijk, helder Heineken'. Maar niet iedereen kon lachen om het voorval. En Nederland zou Nederland niet zijn als er geen Kamervragen werden gesteld over deze wat al te frivole reclamestunt van de prins. Het leidde net niet tot een nationaal debat, maar veel scheelde het niet. Het breedst uitgemeten werd natuurlijk de slechte voorbeeldwerking van het roken op de jeugd. Uiteindelijk liep alles met een sisser en een standje af.

Warme chocola

Maar terug naar de tocht. Iedere keer als de prins en zijn rechercheurs voorbij waren gezoefd, sprongen Hans en ik weer in de auto en reden zo snel wij konden vooruit naar een volgend fotomoment. Het viel op dat wij de hele dag geen enkele collega tegenkwamen die op hetzelfde idee was gekomen. Onze tactiek leverde zodoende een serie prachtige exclusieve foto's op.

Tot aan Bolsward, dat ongeveer op de helft van de tocht lag, zo'n 100 kilometer na de start, ging het schaatsen de prins nog redelijk af. Het was reeds rond het middaguur en als hij dit tempo zou kunnen volhouden, was een aankomsttijd rond 19.00 uur 's avonds realistisch. Het weer hielp mee, het was droog, het vroor licht en de wind woei uit gunstige richting.

De enige tegenslag tot dan toe was het uitvallen van de portofoonverbinding met de AA-proviandauto. Lastig maar niet onoverkomelijk omdat langs de route voldoende warme chocola werd geschonken en de mobiele verbinding 's middags weer was hersteld. Wat er voor Willem-Alexander wel veranderde, was dat de Rijksvoorlichtingsdienst in Den Haag zich aan het begin van de middag gedwongen had gezien om de deelname van de Prins van Oranje officieel te bevestigen, nadat zij hierover tientallen telefoontjes hadden ontvangen van journalisten. De prins was hiermee in één klap zijn anonimiteit kwijt.

Zelf zei hij later over dit moment: 'Het was heerlijk dat ik in het begin helemaal niet werd herkend. Maar bij Stavoren was dit plotseling afgelopen en wist iedereen dat ik er was. Heel veel maakte dit niet uit want het publiek langs de kant was perfect voor iedereen.'

Alle toejuichingen vanaf de kant ten spijt, ze konden niet voorkomen dat – naarmate de middag vorderde – de krachten van de prins met de kilometer afnamen.

De Man met de Hamer

VDKH-rechercheur Jantinus van der Kuijl beschreef deze onafwendbare confrontatie met De Man met de Hamer, jaren later voor de EO-microfoon, als volgt: 'Vanaf Bolsward ging het on-

■ Vrolijk zwaaiend beantwoordde prins Willem-Alexander de toejuichingen van omstanders, nadat ontdekt was dat hij onder de schuilnaam W.A. van Buren één van de deelnemers was aan de 14e Elfstedentocht.

derlinge krachtsverschil een rol spelen. Ik was 36 jaar en een echte sportman. De conditie was goed. Die jongen was nog geen 19. Ik probeerde hem op een gegeven moment zo veel mogelijk uit de wind te zetten, maar dat werkte niet. Als ik omkeek zat hij alweer 100 meter achterop.'

Vooral het retourtje Bartlehiem-Dokkum viel de prins zwaar. Het was inmiddels donker geworden. Op de heenweg vroeg Willem-Alexander bij elk opdoemend lichtje hoopvol of Dokkum al in zicht was. De moed zakte hem steeds verder in de schoenen. Van schaatsen was al lang geen sprake meer. Het was alleen nog maar 'harken'.

'Hij kon bijna niet meer en wilde dat de auto hem kwam oppikken.'

Van der Kuijl, terugblikkend op de historische tocht vol 'Koningsdrama': 'Hij kon op een gegeven moment bijna niet meer en wilde dat de auto hem kwam oppikken. Ik zei toen: "Dat gaat hier niet. De auto kan hier niet komen." Toen hij even later toch een andere auto zag rijden, was de boot goed aan bij hem. Er zijn toen een paar grote woorden gevallen en ik moest praten als Brugman om hem op het ijs te houden. Pas toen wij weer bij Bartlehiem kwamen, was hij erdoorheen.'

Beatrix en Claus aan de finish

Inmiddels waren koningin Beatrix en prins Claus vervroegd teruggekeerd van een werkbezoek aan Brussel om hun oudste zoon bij de finish in Leeuwarden in de armen te sluiten. Op de vliegbasis Leeuwarden werd het koninklijk paar verwelkomd door Hans en Marianne Wiegel. De avond was inmiddels gevallen, maar omdat het

In een oer-Hollands decor schreef de prins schaatsgeschiedenis.

Marlboro
De Friesche
Elf Steden

Op weg naar het felbegeerde Elfstedenkruisje.

nog wel even kon duren voordat de prins bij de eindstreep zou zijn, dronk het gezelschap eerst nog een glaasje wijn op de luchtmachtbasis. 'Er liep daar een aalmoezenier rond en ik dacht: een goed katholiek heeft vast wel wat onder de kurk,' aldus de immer vrolijke Wiegel. Even na 21.00 uur, toen zeker was dat de prins de tocht echt zou uitrijden, verplaatste het gezelschap zich per helikopter naar de finish aan de Bonkevaart.

Met zaklantaarntjes in het donker

Vanuit de heli kon het koninklijk gezelschap de blauwe zwaailichten zien van de AA-bezemwagen, die op de grond niet meer van de zijde week van de naar de eindstreep snakkende prins. Ook bij rechercheur Folkertsma was het beste er vanaf. Met zaklantaarntjes zochten de mannen in het donker hun weg. Een martelgang. Op het laatste stuk had zich nog een onbekende deelnemer bij de drie mannen gevoegd. Van der Kuijl: 'Het bleek een onderwijzer uit Prinsenbeek te zijn. Die man is van enorme waarde geweest. Hij heeft de prins nog een paar keer over het dode punt heen geholpen. Als beloning mocht de leraar zijn chocola uit de kom van de kroonprins drinken.'

Na dik zestien uur schaatsen kwam prins Willem-Alexander rond 21.45 uur in het pikkedonker over de finish op de Bonkevaart. Koningin Beatrix en prins Claus – met warme bontmuts op – sloten hun uitgeputte zoon in de armen. Hij had het 'm dan toch maar mooi geflikt: zijn weddenschap gewonnen en het felbegeerde Elfstedenkruisje in zijn zak. Evenals 14.989 andere toerschaatsers. Evert van Benthem lag op dat moment al bijna weer onder de wol. Hij had een halve dag eerder voor het tweede jaar op rij de race bij de wedstrijdrijders gewonnen, in een tijd van 6 uur 55 minuten en 4 seconden.

Doodgelukkig

Nadat hij weer een beetje op adem was gekomen gaf de prins voor de televisiecamera's van de NOS toe, dat de 200 kilometer schaatsen hem niet waren meegevallen. 'De eerste helft tot Bolsward ging nog goed. Maar toen kwamen er rotstukken, wind tegen en sloeg de vermoeidheid toe. Het viel tegen, maar ik ben doodgelukkig. Ik had ook niet verwacht dat mijn ouders hier zouden zijn. Het was een perfecte dag, het kon niet beter!'

Vanwege tentamens de volgende dag op het KIM in Den Helder moest de 'Aro' van Oranje eigenlijk dezelfde avond nog terug naar zijn marinebasis. Maar dat was Hans Wiegel te gortig. Na enig overleg werd besloten dat Willem-Alexander nog een nachtje op De State Poelsicht zou blijven logeren. Hans Wiegel: 'Hij is bij ons heerlijk in bad gegaan en we hebben de avond afgesloten met een schaal bitterballen.' Hollandser kon bijna niet. Met Jantinus van der Kuijl heeft de prins een levenslange band gehouden. Toen Willem-Alexander en

■ Intens blij viel Willem-Alexander op de Bonkevaart eerst zijn vader prins Claus (met bontmuts) en daarna zijn moeder in de armen.

Maxima op 2 februari 2002 in Amsterdam in het huwelijk traden, behoorde Van der Kuijl tot de gasten op het huwelijksfeest.

Aanzoek Maxima op het ijs

Ook met het ijs behield de prins een levenslange band. Op vrijdag 19 januari 2001 vroeg Willem-Alexander zijn Maxima ten huwelijk tijdens een schaatspartijtje op de hofvijver van Paleis Huis ten Bosch. Na haar 'yes' spoedde hij zich naar het struikgewas om een fles champagne en een grote bos rozen te pakken om de blijde gebeurtenis samen op het ijs te vieren.

Naar de inhuldiging van Nelson Mandela (mei 1994)

Een eigen aanpak met gevoel voor humor

Op 5 april 1994 fluisterde een insider mij een aardig nieuwtje in. Niet de koningin maar prins Willem-Alexander zou naar Zuid-Afrika gaan om de inzwering van Nelson Mandela bij te wonen tot eerste zwarte president van dat land. Een historische gebeurtenis waarvoor iedereen die wat voorstelde in de wereld naar Zuid-Afrika zou komen. Een vuurdoop voor de jonge Oranje, die net was begonnen met de voorbereidingen op zijn toekomstige koningschap.

Pikant was dat de tipgever mij vroeg dit nieuwtje nog niet in de krant te zetten, omdat formeel eerst de Tweede Kamer nog moest worden ingelicht. De beslissing om Willem-Alexander in plaats van zijn moeder naar Pretoria te sturen, was op Huis ten Bosch binnenskamers genomen. Buiten koningin Beatrix, prins Claus en een handvol hofdignitarissen wist alleen minister-president Lubbers van het plan af.

Na de officiële afschaffing van de Apartheid in 1990, werden op 27 april 1994 in Zuid-Afrika voor het eerst vrije verkiezingen gehouden voor blank en zwart. Het stond wel vast dat het Afrikaans Nationaal Congres (ANC) van Nelson Mandela die ging winnen. De voorbereidingen voor de inhuldigingsplechtigheid van Zuid-Afrika's eerste zwarte president, waren begin april 1994 in volle gang. Bij de inhuldiging op 10 mei zouden meer dan 180 staatshoofden en wereldleiders naar Zuid-Afrika komen. De presidentiële wisseling van de wacht zou plaatsvinden in het amfitheater van het Uniegebouw in Pretoria, waar 5000 gasten in pasten.

Een nachtmerrie voor de veiligheidsdiensten

Mandela had om uiteenlopende redenen een bonte gastenlijst. Wereldleiders, presidenten, gekroonde hoofden, popsterren en voetballers behoorden tot zijn vriendenkring. Maar ook zwaargewichten uit de bokswereld en andere vechtersbazen, zoals de Palestijnse voorman Yasser Arafat en de Cubaanse dictator Fidel Castro. En deze merkwaardige hutspot maakte zich op naar Zuid-Afrika te komen om Nelson 'Tata' Mandela te eren. Een regelrechte nachtmerrie voor alle betrokken veiligheidsdiensten. Wat te denken van de vicepresident van de Verenigde

Staten Al Gore en first lady Hillary Clinton? Op de feestdag dreigden zij schouder aan schouder komen te staan met aartsvijand Fidel Castro. De dictator had gedurende de apartheidsjaren de militaire opleiding verzorgd van Mandela's ANC-strijders. Dit wapenfeit leverde Castro een ereplaats op in het amfitheater.

Yasser Arafat

President Herzog van Israël kon nog niet bevroeden dat hij in hetzelfde vak zou komen te zitten als PLO-leider Yasser Arafat, in de ogen van de Israëli's een terrorist. Israël had zich altijd openlijk tegen de apartheid gekeerd en steun verleend aan het ANC van Mandela. Maar Mandela had evenzeer een zwak voor de Palestijnse zaak. Vriend en vijand hadden met elkaar gemeen dat zij Mandela al die jaren hadden gesteund in zijn strijd en 27 jaar durende gevangenschap, eerst op Robbeneiland en later in de Victor Verster-gevangenis. In ieder geval bezorgde de gemêleerde gastenlijst alle veiligheidsdiensten al weken van tevoren een daverende koppijn.

Te midden van dit diplomatieke geweld zou prins Willem-Alexander dus zijn internationale vuurdoop ondergaan. Zorgpuntje voor het thuisfront was de explosieve atmosfeer die al weken van tevoren in Zuid-Afrika hing. Exploderende autobommen, gewapende terreuracties. Kortom, geweld omlijstte de op handen zijnde omwenteling in de straten van Johannesburg en andere grote steden. Afgewisseld door uitbundige euforie in de townships die zich opmaakten voor het zo lang gekoesterde wonder: de inzwering van Nelson Rolihlahla Mandela tot hún president.

Bosnië

Koningin Beatrix had zich bij alle risicoafwegingen vooral zorgen gemaakt over de veiligheid van Nelson Mandela en veel minder over die van haar eigen zoon. Beatrix was o zo bang, dat er in deze geweldsspiraal iets met Mandela zou gebeuren. De nuchterheid ten aanzien van de eigen veiligheid van de Oranjes was kort hiervoor ook al opgevallen. In december 1993 werd prins Willem-Alexander als F27-piloot ingezet bij een reddingsoperatie tijdens de oorlog in Bosnië.

Bij deze missie was de 26-jarige prins co-piloot. De militaire actie was opgezet om drie gewonde Bosniërs uit het totaal kapotgeschoten Sarajevo te evacueren. De ingreep mislukte op het allerlaatste moment door dichte mist. De prins moest met zijn toestel een doorstart maken, toen er op zo'n 45 meter boven de baan nog geen enkel landingslicht te zien was geweest. Landen was hierdoor vliegtechnisch onverantwoord. De operatie had aangetoond dat Willem-Alexander het werk in oorlogsgebied niet schuwde.

Grote afwezige bij deze missie? De Rijksvoorlichtingsdienst... en de gehele vaderlandse pers!

Terug naar de missie-Mandela. Willem-Alexander zou op zijn eerste grote diplomatieke klus worden vergezeld door minister van Buitenlandse Zaken Pieter Kooijmans. Een goede bekende van hem, want tijdens zijn studie Geschiedenis in Leiden had Willem-Alexander colleges Internationaal Recht en Europees Recht gelopen bij diezelfde professor Kooijmans.

Minister Kooijmans werd op zijn beurt geflankeerd door diens woordvoerder Bob Hiensch, een diplomatiek zwaargewicht die het later tot ambassadeur zou schoppen. Verder maakten de gebruikelijke adjudant van de koningin plus twee politiemensen van de Veiligheids Dienst Koninklijk Huis deel uit van dit team. De prins werd officieel tot hoofd van deze kleine regeringsdelegatie gebombardeerd.

Grote afwezige in dit rijtje was de Rijksvoorlichtingsdienst. Dat was ongebruikelijk en merkwaardig. Bij het kleinste koninklijke evenementje in eigen land stuitte je doorgaans wel op twee, drie of meer RVD-medewerkers, die zich het zweet in de schoenen werkten om de publiciteit in goede banen te leiden. Wat meestal inhield: het op veilige afstand houden van de pers. En nu, bij deze belangrijke eerste buitenlandse solomissie van de prins-in-opleiding, schitterde de RVD door afwezigheid. We komen er straks op terug.

Met mijn informant sprak ik af dat we het nieuwtje over de Mandela-missie van de prins op woensdag 27 april in de krant zouden zetten. Niet zomaar een dag, maar toevallig ook de 27ste verjaardag van de prins. En – van meer historische proportie – het was precies de dag waarop de eerste vrije verkiezingen in Zuid-Afrika plaatsvonden. Het moment waarnaar vooral de zwarte Zuid-Afrikanen zo lang hadden uitgekeken en dat het tijdperk van Apartheid na 42 jaar definitief naar de geschiedenisboeken zou verbannen.

Voorpaginanieuws

De krant drukte het nieuwtje af op de voorpagina. 'Willem-Alexander naar inhuldiging nieuwe president Zuid-Afrika'. Alle radio- en televisiekanalen namen het bericht gretig over. De reis van prins Willem-Alexander stond gepland voor zaterdag 7 mei. Met een KLM-avondvlucht zou hij die dag naar Johannesburg vliegen voor de plechtigheid drie dagen later. Als journalist rook ik hier een buitenkans van formaat. Bij concurrerende krantenredacties bleek dit anders te liggen.

Omdat de RVD niet meeging, werd er dus ook niets officieel geregeld voor de vaderlandse pers. Geen accreditaties, geen hotels, geen rechtstreekse vluchten, geen vervoer ter plaatse, enzovoorts. Het kwam geheel aan op eigen initiatief. De tijd drong en dergelijke reizen zijn een dure grap. Het werd steeds leuker!

De thuisblijvers kregen ongelijk

In opperbeste stemming stapte ik met collega-fotograaf Dalhuijsen die zaterdagmiddag 7 mei in de KL-591, het toestel dat niet alleen ons, maar ook de prins naar zijn verre bestemming zou brengen. Wij hadden inmiddels gehoord dat vanuit Nederland geen enkele mediavertegenwoordiger de reis naar Zuid-Afrika zou ondernemen. Een enkele krant beschikte over een eigen correspondent in Zuid-Afrika en liet dit karwei over aan de man of vrouw ter plaatse. De thuisblijvers zouden ongelijk krijgen.

Pas veel later zou het tot mij doordringen dat het thuislaten van de RVD wellicht een welbewuste strategische beslissing was geweest: een ten paleize uitgedachte koningszet. Het Hof zat er helemaal niet om te springen dat prins Willem-Alexander op zijn eerste grote missie direct zou worden omringd door een mediacircus, dat hem ongetwijfeld onder een vergrootglas zou hebben gelegd.
En dus werd de RVD op stal gelaten. Dat hield een risico in, maar achteraf gezien bleek het een gok die uitstekend zou uitpakken. Niet al te veel media-aandacht uit eigen land en eenmaal in Pretoria zou de prins gemakkelijk in anonimiteit ondergaan door de massale toeloop van andere hoge gasten.

Het rijk alleen

Aan boord van de KL-591 besefte ik maar al te goed dat wij het rijk alleen hadden. De vlucht naar Johannesburg duurde bijna elf uur, dit was een kans voor open doel die we niet mochten laten lopen. Ik móést de prins zien te spreken. Op de goede afloop bestelden wij eerst een rondje KLM-champagne.

Wij waren doorgaans best vindingrijk. Maar hoe pakten wij dit nu aan? Willem-Alexander zat voor in het vliegtuig business class, een plaats waar wij hem niet makkelijk zomaar konden aanspreken. Hij werd aan boord vergezeld door twee politiemensen van de Veiligheids Dienst Koninklijk Huis. De overige leden van zijn delegatie waren niet aan boord, zij hadden kennelijk een ander reisschema.

De meeste koninklijke beveiligers kende ik wel. Je kwam ze tijdens het werk overal tegen en met sommigen maakte je soms een praatje. Wat ook niet in mijn nadeel was, was het feit dat mijn vader bij deze dienst had gewerkt. Sterker nog: lt. kol. A.J. Knijff was van 1979 tot 1984 hoofd van de Veiligheids Dienst Koninklijk Huis (wnd.) geweest en had – ook nog onder Juliana – vele jaren gewaakt over de veiligheid van de koninklijk familie. Vader Knijff had de jonge Willem-Alexander en diens broers van dichtbij zien opgroeien.

Ik besloot de oudste van de twee beveiligers, die ik het beste kende, te vragen een balletje voor ons op te gooien bij de prins. Een gesprekje hoefde niet lang te duren en wij namen tenslotte de moeite om helemaal met hem mee te reizen om verslag te doen van zijn missie! Het was een ongebruikelijk verzoek, nota bene overgebracht via de eigen bodyguard van de prins, maar wat hadden wij te verliezen?

Binnen een paar minuten was de vriendelijke politieman terug. 'Het leek de prins niet een heel goed idee. Maar hij zal er even over nadenken.' Het feit dat de prins mijn verzoek niet radicaal had afgewezen gaf de burger moed. Een uurtje later probeerden wij het nog eens, nadat de avondmaaltijd erop zat en de duisternis langzaam inzette. Dit keer was het bingo. Het was een lange vlucht en ook een prins moet de benen af en toe even strekken. Een paar minuten had hij wel!

Zakelijker benadering

Er speelde nog iets anders. In het najaar van 1993 had de krant mij gevraagd om voor enige tijd de portefeuille Koninklijk Huis onder mijn hoede te nemen. Na enige bedenktijd en een aantal goede afspraken had ik hiermee ingestemd. Ik werd in die dagen de eerste en enige journalist in ons land die zich fulltime met dit onderwerp ging bezighouden. Het was in een periode dat de vaderlandse pers niet goed wist wat zij precies aanmoest met het Koninklijk Huis en al die opgroeiende prinsen.

Als nieuwkomer had ik gekozen voor een zakelijkere benadering van het royaltynieuws dan tot dusver het geval was geweest. Deze meer neutrale toonzetting bleek binnen de paleismuren in goede aarde te vallen. Ook Willem-Alexander las wekelijks de knipselkrant die de Rijksvoorlichtingsdienst samenstelde van al het koninklijke nieuws.
Nu wij toevallig (?) in hetzelfde vliegtuig zaten op weg naar Nelson Mandela, was de prins mogelijk ook een heel klein beetje nieuwsgierig naar die brutale nieuwkomer die hem zomaar had benaderd voor een korte kennismaking. Of hij wilde gewoon laten zien dat hij een man was die zijn eigen beslissingen nam, zonder hiervoor eerst ruggenspraak nodig te hebben met het thuisfront.

■ Vrijheid aan de macht. *Foto: AP*

Geen fuselier maar grenadier

Hoe het ook zij: op neutraal terrein net buiten de business class, in de kleine ruimte tussen pantry en een nooduitgang, schudden wij elkaar de hand. Het was niet de eerste keer dat ik oog in oog met hem stond, maar wel voor het eerst dat hij de tijd nam voor een praatje. 'Zo,' viel de 27-jarige Oranjetelg direct met de deur in huis: 'U schreef deze week dat ik "fuselier" ben. Nou, dat is helemaal niet zo: ik ben "grenadier".' Gezicht op ernstig, toon bestraffend.

Ik wist precies waar deze opmerking op sloeg. Een paar dagen ervoor, op 4 mei, had ik op de voorpagina een stukje geschreven over de jaarlijkse dodenherdenking op de Dam. De prins droeg hierbij een uniform van de Koninklijke Landmacht. Omdat ik niet in militaire dienst heb gezeten, vroeg ik iemand uit de entourage van de prins welk uniform deze droeg. Dat van de fuseliers, had het zonder aarzeling geklonken. En zo was het in de krant gekomen.

'Trouwens, mijn grootvader vond het helemaal niet geslaagd dat u hem laatst met Frank Sinatra vergeleek.'

Een ruiterlijke schuldbekentenis leek mij voor de voortgang van het gesprek het beste, dus antwoordde ik: 'Dat is vervelend. De volgende keer zal ik dubbelchecken om misverstanden te voorkomen.' Maar de prins bleek nog meer kritiek te hebben en zei: 'Trouwens, mijn grootvader vond het helemaal niet geslaagd dat u hem laatst met Frank Sinatra vergeleek. Hij had na zijn operatie gewoon twee gaten in zijn kop. Daarom droeg hij zijn haar zo naar voren gekamd.'

Prins Bernhard had kort hiervoor inderdaad een hersenoperatie ondergaan. Tijdens de succesvolle ingreep in het Utrechts Medisch Centrum ('mijn stamkroeg') was de toen 81-jarige prins verlost van een subduraal hematoom, een kleine bloeduitstorting tussen schedeldak en de hersenen.

Tweezitter straaljager

Hij had dit kwetsuur opgelopen op een typische Bernhardmanier. Tijdens een testvlucht met een tweezitter straaljager van de Amerikaanse luchtmacht, had hij als passagier op grote hoogte zijn hoofd gestoten in de nauwe cockpit. Na zijn ontslag uit het ziekenhuis droeg de bejaarde prins zijn haar plots iets naar voren gekamd. Zoals hij zich een jaar later na een andere operatie opeens tooide met een baard. Ik vond dat hij met zijn nieuwe coupe sprekend op The Voice leek en had dat ergens luchtig in een bijzinnetje over zijn herstel verwerkt.

Het ging natuurlijk helemaal nergens over, maar ik wist dat de oude prins Sinatra persoonlijk had gekend en wel ín was voor een grapje.
Net toen ik mij begon af te vragen of ik dit gesprek nog wel de goede richting in kon buigen, zag ik een glimlach doorbreken op het gezicht van de man tegenover mij. 'Ja, want u denkt natuurlijk dat als er boven een stukje in de krant staat: "van een onzer verslaggevers", dat ik niet weet dat u dat hebt geschreven.'

'Mandela is een levende legende voor mij'

Pas in de jaren die volgden, waarin ik hem vaker zou spreken en beter leerde kennen, zou ik merken dat dit een typische Alexander-aanpak was. Gewoon zonder omhaal: pats, recht op zijn doel af. In de ontstane verwarring was hij als initiatiefnemer direct de bovenliggende partij.

Ik besloot het gesprek over een andere boeg te gooien en vroeg hem wat hij vond van zijn missie: de inhuldiging van Nelson Mandela. Zijn ogen lichtten op toen hij zei: 'Die man is een levende legende voor mij! Ik stond tien jaar geleden al te dansen op de hit "Free Nelson Mandela" toen ik op het Atlantic College in Wales zat. Wij draaiden dat nummer ieder weekend op schoolfeesten. Ik vind het geweldig om dit nu tien jaar later mee te maken.'

Tegenover mij stond opeens een heel ander mens en alsof ik Willem-Alexander al jaren kende, vervolgde hij: 'Ik had op het Atlantic College een aantal Zuid-Afrikaanse vrienden. Die zongen het Afrikaanse volkslied als "protestsong". Dus dat is geen onbekend lied voor mij. Eurocommissaris Hans van den Broek kan dit volkslied zelfs helemaal uit zijn hoofd zingen. Ik heb van kinds af aan grote belangstelling gehad voor Afrika. Toen ik nog op de middelbare school zat in Den Haag, was ik tijdens de internationale sessies van de jeugd-Verenigde Naties, voorzitter van de Spaanse delegatie, die zich bezighield met dekolonisatievraagstukken. Nou, daar werd pittig gedebatteerd kan ik je verzekeren.'

Wapen van de humor

Terwijl het gesprek onverwacht een interessante wending had genomen, zette de nacht langzaam in. De lichten in de cabine werden gedoofd en de meeste passagiers probeerden de slaap te vatten. Een stewardess kwam vragen of wij misschien iets wilden drinken en op gedempte toon spraken wij verder.

Nu het ijs was gebroken ontpopte de prins zich meer en meer als een onderhoudende causeur, die het wapen van de humor goed wist te hanteren. 'Ik heb iets met Afrika. Ik heb er gevlogen voor "Flying Doctors". Als ik bij vrienden ben in Kenia en je kijkt uit over die eindeloze vlaktes en je ziet daar beneden de silhouetten van de Masai… dat is zó schitterend!'

De liefde voorAfrika was Willem-Alexander met de paplepel ingegoten. Prins Claus had er een belangrijk deel van zijn jeugd doorgebracht in het vroegere Tanganyika, waar zijn vader rentmeester was op een sisalplantage. Claus kon zijn zoons lyrisch vertellen over het nog ongerepte tropische oerwoud, dat zich 'als een kathedraal boven je hoofd sloot'.

Ook grootvader Bernhard was idolaat van het Oost-Afrikaanse hoogland en bezat er jarenlang een eigen jachthuis met 1000 hectare grond aan het Manyarameer. Behalve jagen, verbouwde Bernhard er koffiestruiken, papaja's en mais. Bernhard had zijn kleinzoon geïntroduceerd bij veel van zijn Afrikaanse natuurbeschermings- en jachtvrienden. De Leakey's in Kenia, de schrijfster Kuki Gallmann, maar ook de Zuid-Afrikaanse industrieel en miljardair dr. Anton Rupert.

Dr. Anton Rupert

Bij deze laatste tycoon en familievriend, zo vertelde Willem-Alexander tot mijn verrassing, was hij gedurende zijn vierdaagse verblijf in Zuid-Afrika te gast. Een veiliger plek dan het goed bewaakte landgoed van de Ruperts in Somerset West even buiten Stellenbosch, was nauwelijks denkbaar. Dr. Rupert, die in 2006 op 89-jarige leeftijd zou overlijden, had fortuin gemaakt in de tabaksindustrie, maar was ook om andere redenen een interessante figuur. Rupert had als blanke van meet af aan de anti-apartheidsstrijd gesteund. En als oprichter van de 'Club van 1001', was hij één van de grote financiers geweest achter het Internationale Wereld Natuur Fonds (WNF), de organisatie waarvan prins Bernhard tussen 1961–1976 president was. Bij deze grote Zuid-Afrikaanse zoon bleek Willem-Alexander kind aan huis.

De onverwachte ontmoeting met de prins hoog in de lucht was intussen zo relaxed geworden, dat van wederzijdse formaliteiten geen sprake meer was en wij er gezellig op los 'je'- en 'jou'-den. Af en toe siste een passagier die een poging deed de slaap te vatten of het wat stiller kon. De sisser had geen flauw idee wie hij in de duistere cabine voor zich had.

'Dat is zo gaaf'

In feite verliep ons gesprek zoals veel kennismakingen gaan. Je kijkt op welke terreinen je gemeenschappelijke interesses hebt en springt soms van de hak op de tak. Zo babbelden wij uitgebreid over zijn twee grote passies: vliegen en diepzeeduiken. Vooral het 's nachts vliegen, of nog leuker, in dichte mist, bleek zijn voorkeur te hebben. 'Je vliegt dan alleen op je instrumenten, zonder verder iets te zien. Zodra je gaat landen zie je pas op het allerlaatste moment een klein landingsstripje opdoemen. Dat vind ik het mooiste.'

En over de wondere onderwaterwereld. 'Die stilte als je onder water op een rots gaat zitten en je hoort helemaal niets... Dat is zo gaaf.' Ik kon het niet nalaten te zeggen dat het mij wel lekker leek in zijn positie, om af en toe even 'onder te duiken'. Weg van al het gezeur.

Zo kwam van het één het ander. Een onderwerp waarin hij echt geïnteresseerd was, bleek de journalistiek. De prins had niet veel directe ervaring met journalisten en vroeg honderduit. Ook over allerlei technische aspecten: hoe dat nou precies werkte met het overseinen van foto's en hoe het zat met de verschillende sluitingstijden en deadlines waaraan journalisten zich moeten houden.

Een paar welgemeende adviezen

Nu we op mijn terrein waren aangeland – het reilen en zeilen bij een grote krant – speelde ik een thuiswedstrijd. De prins was ten tijde van ons gesprek 27 jaar, ik vijftien jaar ouder. En voor ik het in de gaten had bevond ik mij eensklaps in de positie dat ik de man die in de toekomst koning van Nederland zou worden, een paar welgemeende adviezen stond te geven.

Dezelfde man die ooit in zijn jeugd vanaf het bordes van Paleis Soestdijk, tijdens een defilé, de vaderlandse pers met een proppenschieter onder vuur had genomen. En die als 11-jarig schoffie na een fotosessie spontaan had uitgeroepen: 'En nu alle Nederlandse pers opgerot.'

Veel andere directe contacten met de media waren er niet geweest. Buiten de tien dagen die hij zich in 1984 had laten interviewen door Renate Rubinstein ter gelegenheid van zijn naderende achttiende verjaardag. Over het algemeen had het Nederlandse journaille zich keurig gehouden aan de wens van Beatrix en Claus om hun drie kinderen, maar Willem-Alexander als oudste in het bijzonder, tijdens hun school- en studietijd zoveel mogelijk ruimte te gunnen. Daar ging nu verandering in komen omdat de voorbereiding op het koningschap officieel was begonnen. Ik vertelde hem iets wat hij natuurlijk allang wist, maar wat uit mijn mond wel wat vreemd klonk: dat hij er in zijn positie goed aan deed om een veilige afstand te houden van journalisten.

Die aanbeveling had de prins dan ook niet verwacht. 'Zullen we nog iets drinken?' vroeg hij geamuseerd. Doorgaand op hetzelfde thema, zei ik dat andersom natuurlijk hetzelfde gold. Journalisten die zich te zeer vereenzelvigen met hun onderwerp, verliezen al snel hun geloofwaardigheid. Of door belangenverstrengeling of door het gevaar van zelfcensuur.

Bram en Gusta rolden bijna van de bank

Als voorbeeld haalde ik het beruchte interview aan dat Ischa Meijer in 1984 publiceerde met Bram Peper, toen burgemeester van Rotterdam. Ischa was bevriend met Bram en diens (tweede) vrouw Gusta. Met de nodige drank op tafel waren zij gedrieën gezellig doorgezakt die avond, keuvelend over van alles en nog wat.

Toen het interview in *Vrij Nederland* verscheen, waren Bram en zijn vrouw bijna van de bank gerold. Het burgemeesterspaar was door 'vriend' Ischa afgeschilderd als een stelletje elitaire proleten. Bram en Gusta hadden tijdens het genoeglijke etentje met Ischa vrolijk allerlei privézaken verteld, ervan uitgaande dat de journalist die niet zou afdrukken, gezien de vriendschappelijke relatie.
Mis dus! Meijer was boven zichzelf uitgestegen. Hij had er één grote jammerklacht van gemaakt, compleet met saillante voorbeelden. Hoe de Pepertjes voortdurend werden tegengewerkt door het Rotterdamse gemeentebestuur, de politie en het ambtenarenapparaat. Dat zij van een koppige Rotterdamse suppoost twee toegangskaartjes hadden moeten kopen toen zij nota bene vlak voor sluitingstijd in Boijmans van Beuningen nog even tien minuutjes een tentoonstelling hadden willen bekijken. Tot grote ergernis van de Pepertjes was de principiële suppoost op zijn strepen blijven staan. 'Begrijp je dat nou,' had Bram nog aan Ischa gevraagd, 'ons eigen museum?'
Het was een dodelijk verhaal geworden voor Pepers imago als PvdA-burgemeester, terwijl Ischa nog zo had beloofd er een mooi interview van te maken. Kort na de hilarische publicatie strandde het huwelijk van de geplaagde burgervader. Kortom: fantastisch interview, patiënt overleden! Ischa Meijer maakte er een sport van in die dagen om eerst het vertrouwen van mensen te winnen en ze daarna genadeloos af te branden. Zijn kennissenkring dunde hij zo in rap tempo uit.

Deze hele geschiedenis had nogal op onze lachspieren gewerkt. En met een quasi-serieus gezicht zei de prins ad rem: 'Zo, als ik het dus goed heb begrepen, kunnen wij het vanavond verder beter kort houden.' In feite kwam de strekking van mijn verhaal daar wel op neer.

'Ga eens praten met Ed Nijpels'

Inmiddels schoot de lange vlucht lekker op. Een andere meer neutrale suggestie die ik de prins deed, was om eens met Ed Nijpels te praten. Ik was bevriend geraakt met de VVD-politicus in de tijd dat ik parlementair verslaggever was in Den Haag (1978–1982). Ik zag veel overeenkomsten tussen beide mannen. Een aanstekelijk gevoel voor humor was er één van. Ed was net als Willem-Alexander al op vrij jonge leeftijd opgezadeld met een hoop verantwoordelijkheden en een plotseling sterk gegroeide media-aandacht.

Toen Nijpels in 1977 in de Tweede Kamer werd gekozen, was hij 27 jaar en het jongste Kamerlid. Daarna werd hij fractievoorzitter, minister van Volkshuisvesting, burgemeester van Breda en vervolgens commissaris van de koningin in Friesland. Nu was Willem-Alexander zelf 27, stond aan het begin van zijn opmars naar de troon en als hij van één ding zeker kon zijn was het wel de media-aandacht die hem op die tocht zou vergezellen.

Met nog maar een paar uur te vliegen naar onze eindbestemming Johannesburg leek het een goed plan om nog wat slaap te pakken. Ik sprak met de prins af elkaar de volgende dag, zondag 8 mei, weer te zien. Hij had in Pretoria een ontmoeting met de Nederlandse ambassadeur, jhr. mr. Eduard Röell en consul-generaal drs. Dirk Bins. Wij zouden naar de residentie komen om een plaatje te schieten van deze ontmoeting. Voor mij was de hele missie na deze bijzondere nachtelijke kennismaking al buitengewoon geslaagd, maar... het zou nog fraaier worden.

Een 'puik' idee van de ambassadeur

Tijdens deze ontmoeting thuis bij de ambassadeur, gebeurde er iets interessants. Willem-Alexander werd nu vergezeld door een kennelijk vooruitgereisde adjudant van de koningin en dit gaf direct een officieel tintje aan het geheel. De prins was nu in functie en omringd door protocol. Ambassadeur Röell had tot taak om met de prins het programma van de inhuldiging de dag erna door te nemen.

Ten huize van de ambassadeur met zoveel vreemde ogen om zich heen deed prins Willem-Alexander zijn uiterste best om te doen alsof hij de twee meegereisde journalisten nog nooit eerder in zijn leven had gezien. Hij begroette ons met een korte knik, alsof de avond ervoor niet had plaatsgevonden. Ik kende die ongeschreven regel van de diplomatie nog wel uit mijn leven rondom het Haagse Binnenhof.

Als je in die wereld wilde functioneren deed je er goed aan werk en privé goed gescheiden te houden. Zo sprak ik Ed Nijpels bij officiële gelegenheden gewoon aan met 'excellentie'. Maar als het carnaval was, logeerde ik bij hem thuis in Bergen op Zoom en stonden wij samen aan de toog. Je hield die zaken gescheiden, ook al had dit natuurlijk wel iets komisch.

Ambassadeur Röell en ik waren geen onbekenden voor elkaar. In mei 1985 hadden wij kennis gemaakt in Colombia. Op uitnodiging van de Colombiaanse regering had ik in dat jaar een bezoek gebracht aan Colombia, waar Röell destijds Hare Majesteits vertegenwoordiger was. Röell was een vriendelijke, makkelijk toegankelijke man. Hij had geen enkel bezwaar tegen een fototje voor de krant en stelde voor om onder het genot van een tropisch drankje een ontspannen plaatje te schieten van de prins en zichzelf, ergens in de fraai aangelegde tuin aan de rand van het zwembad.

Hoewel dit niet mijn taak was, leek mij dit voor de prins publicitair gezien niet het allerbeste idee. Het had in mijn ogen iets oud-koloniaals. Daarom stelde ik voor er een werkoverleg van te maken. Een gesprek tussen drie mannen, gebogen over het draaiboek voor de grote dag? 'Dat lijkt mij een heel goed plan,' besliste de prins. De foto prijkte de dag erna op de voorpagina, onder de kop: 'Kroonprins: "Beëdiging Mandela fantastisch."'

Kaalgetrapt voetbalveld

De beveiliging rond de inhuldigingsplechtigheid in Pretoria was gezien de gastenlijst en de spanningen in Zuid-Afrika, ongekend. Alle journalisten die het evenement wilden verslaan werden die dinsdagnacht om 03.00 uur 's ochtends (!) in autobussen naar een kaalgetrapt voetbalveld vervoerd even buiten Pretoria. Het had iets onwerkelijks. Het krankzinnig vroege tijdstip bleek een veiligheidsmaatregel. Door de persaccreditaties pas op het allerlaatste moment vrij te geven, was de tijd te kort om ze nog te kunnen vervalsen. Slim.

Zo ontvingen honderden journalisten in het pikkedonker midden in de nacht hun toegangskaarten voor de ceremonie. Sommige fotografen kwamen nog in battledress ergens van een naburig oorlogsfront, om ook dit evenement eventjes mee te pikken. Er heerste een onwerkelijke sfeer, maar ook euforie over de aanstaande machtswisseling. Een historische moment. Iedere journalist die zijn felbegeerde perskaart had ontvangen werd direct teruggeleid naar zijn of haar autobus. Je kon letterlijk geen kant op. Om 06.00 uur in de morgen arriveerde deze bonte colonne touringcars bij het amfitheater in Pretoria, waar pas 's middags om 13.00 uur de ceremoniële inhuldigingsplechtigheid zou beginnen. Ook de zon was vroeg op en deed met het uur steeds sterker van zich spreken. Daar stonden wij in ons beste pak. Nog maar zeven uur te gaan!

Overal rond het amfitheater hielden gewapende agenten van de nationale veiligheidspolitie de zaken met argusogen in de gaten. De perskaart, zo was de duidelijke instructie, moest goed zichtbaar voor de veiligheidsagenten met een koordje rond de nek worden gedragen. Ik had de mijne in mijn binnenzak gestopt. Ik had het niet zo op dit soort schoolreisjes voor journalisten en probeerde mij doorgaans als het even kon los te maken van de groep collega's. Dat was op een dag als deze bepaald niet gemakkelijk, maar aan de andere kant wel weer een leuke uitdaging.

Een brutaal mens

Dus onder het motto: een brutaal mens heeft de halve wereld, stapte ik zonder identiteitskaart om mijn nek op de controlepost af die toegang gaf tot het amfitheater achter de Union Buildings. De gewapende veiligheidsman keek de Nederlandse journalist en zijn fotograaf beurtelings onderzoekend aan. Dalhuijsen sleepte ook nog eens een loodzware fototas met zich mee en viel daardoor eens te meer op.

Nog voordat de man ons een vraag kon stellen zei ik snel: 'It's okay, he's with me,' terwijl ik richting Dalhuijsen met zijn tas knikte. We hadden vooraf helemaal geen strijdplan uitgewerkt, ik zei maar wat. Natuurlijk had ik wel in mijn achterhoofd dat als deze blufpoker verkeerd zou uitpakken, we in ieder geval nog een geldig entreebewijs in onze binnenzak hadden.

Plotseling stapte hij naar achteren en maakte een gebaar dat wij door konden lopen. Het was een kick, we waren binnen.

De aarzeling bij de man was zichtbaar. Maar plotseling deed hij een halve stap naar achteren en maakte met zijn arm een gebaar dat wij door konden lopen. Het was een kick, we waren binnen. Onvoorstelbaar dat je op een dag als deze, met een beetje bluf uiteindelijk gewoon zo naar binnen kon lopen.
Het grote voordeel was dat wij nu niet direct werden opgesloten in het beschikbare persvak en uren geen kant meer op konden. In plaats hiervan konden wij ons in de koelte van de catacomben in alle rust voorbereiden op de dingen die komen gingen.

In de uren die volgden waren wij getuige van één grote parade van bekende gezichten die het amfitheater van het Uniegebouw vulden en het decor vormden voor deze historische gebeurtenis. Het was ronduit opwindend om al die bekende koppen in levenden lijve te zien: Fidel Castro, zwaaiend naar bekenden met gebalde vuist. Yasser Arafat met zijn geblokte sjaal. De beeldschone Pakistaanse premier Benazir Bhutto. Om er een paar te noemen.

Steunpakket van 600 miljoen dollar

Al Gore, de vicepresident van Amerika, had niet alleen zijn vrouw Tipper bij zich, maar ook een steunpakket van 600 miljoen dollar voor het nieuwe Zuid-Afrika onder Nelson Mandela. De Amerikanen waren met twee vliegtuigen (Air Force One) en een delegatie van veertig man naar het feest gekomen. Onder hen de zwarte dominee Jesse Jackson en oud-viersterrengeneraal Colin Powell, de hoogste militair tijdens 'Operatie Desert Storm' in de Golfoorlog van 1991.

Zuid-Afrikaanse regenboogvlag in top

Over de plechtigheid zal ik kort zijn. Die staat in alle geschiedenisboeken beschreven. Hoe twee traditionele 'lofzangers' Nelson Rolihlahla Mandela voor zijn beëdiging luidkeels bewierookten in de eigen Xhosa-taal; hoe na de eedaflegging de nieuwe Zuid-Afrikaanse regenboogvlag werd gehesen en straaljagers en gevechtshelikopters in formatie laag over het Uniegebouw scheerden. Fantastisch om met eigen ogen gezien te hebben. Maar het verhaal is nog niet afgelopen. Deze feestelijke dag zou onverwacht nóg een gouden randje krijgen.

Terwijl in heel Zuid-Afrika na de inauguratie spontane straatfeesten losbarstten, was er voor de hoge gasten de gelegenheid om de nieuwe president zelf de hand te schudden. Dit gebeurde aan het begin van de avond tijdens een feestelijke receptie in De Presidency, de voormalige ambtswoning van oud-president De Klerk. Dit presidentiële paleis, dat het nieuwe onderkomen zou worden van Nelson Mandela, lag midden in een fraai aangelegd bosrijk park in een buitenwijk van Pretoria.

Uiteraard behoorde prins Willem-Alexander tot de genodigden. Wie zeker niet op de gastenlijst stonden was het bonte gezelschap journalisten dat die middag – voor het merendeel gehuld in spijkerbroek en T-shirt – verslag had gedaan van de beëdiging van Mandela. Voor de journalisten zat de dag erop en iedereen was zijns weegs gegaan om verhalen en foto's door te bellen naar het thuisfront.

Zekere reputatie

Omdat er geen tijdsverschil is tussen Zuid-Afrika en Nederland en wij voor een ochtendkrant werkten, hadden Dalhuijsen en ik nog wel een paar uur speling. Wat als wij nou eens kans zagen om een foto te bemachtigen van prins Willem-Alexander die de kersverse president van Zuid-Afrika de hand schudde? Dat zou een regelrechte stunt zijn. Een krankzinnig plan, dat wel, maar aan de andere kant hadden wij als *Telegraaf*-journalisten ook een zekere reputatie hoog te houden, meenden we. Onze missie kon al niet meer stuk, maar nóg een stukje mooier: waarom ook niet?

Netjes in het pak stapten wij tegen zessen 's avonds in een taxi met bestemming: De Presidency. De rit duurde zo'n twintig minuten. Dalhuijsen en ik waren goed geluimd, maar naarmate wij dichter bij onze eindbestemming kwamen, steeg het adrenalinegehalte. Vanaf de straat kon je het paleis van president Mandela niet zien. Het

■ De Presidency: het nieuwe onderkomen van Nelson Mandela.

lag geheel verscholen tussen het groen, omgeven door een hoog hek. Na even zoeken vonden wij het toegangshek, met daarachter een lange oprijlaan.

Mission impossible

In de betonnen muur naast het hek zat gewoon een intercom. Nu ging het erom spannen. Het was natuurlijk net zo mal om aan de Rijksstraatweg in Soest aan te bellen bij Paleis Soestdijk en te vragen of je Juliana even kon spreken. Een totale mission impossible. Maar aangemoedigd door de eerdere ontmoeting met de prins een paar dagen daarvoor en de manier waarop wij ons zonder perskaart het zwaar bewaakte amfitheater in hadden gebluft, besloten wij het er toch op te wagen. Met kloppend hart drukte ik de buzzer van de intercom in. Stilte, gevolgd door nog meer stilte. Dan plotseling een stem in het Engels uit het 'bellboard': 'How may we help you?'

'We are Knijff & Dalhuijsen,' antwoordde ik, 'we are here for the Dutch delegation!' Wat niet geheel bezijden de waarheid was. Je voor iemand anders uitgeven geldt in de journalistiek als een halve doodzonde en is zelfs strafbaar. Het laatste waar wij op zaten te wachten was een arrestatie of tijdrovend verhoor. Maar wie niet waagt wie niet wint. Na enkele seconden, die een eeuwigheid schenen, keerde de stem terug: 'You will be picked up at the gate.'
Nu stokte de adem echt. Er was geen weg meer terug! Ik had weleens vaker gekke dingen uitgehaald om aan een verhaal te komen, maar dit spande wel zo'n beetje de kroon.

Minutenlang stonden we bij het toegangshek, toen er in de verte een witte auto zichtbaar werd. En niet zomaar één. Naarmate het voertuig dichterbij kwam kon je met koeienletters Police lezen op de zijkant van het VW-busje. 'Dit gaat niet goed,' zei iets in mij. Gelukkig had ik mijn verhaal voor de volgende dag al doorgebeld naar de eindredactie in Amsterdam en Dalhuijsen had hetzelfde gedaan met zijn foto's. Wel hadden we het thuisfront flink opgewarmd met ons plan, die avond te proberen nog een exclusieve foto te maken van Willem-Alexander samen met president Mandela. Maar nu wij werden opgepikt door een politieauto, leek een paar dagen water en brood ook tot de mogelijkheden te behoren.

Het hek opende elektronisch. Eén van de twee politiemannen stapte uit en opende de zijdeur van het busje. Nadat wij waren ingestapt sloot de man de deur. Ook het elektrische toegangshek was nu weer achter ons in het slot gevallen. We waren binnen! Geen van de politiemannen vroeg ons iets. Zelfs niet of wij een paspoort of identiteitsbewijs hadden bijvoorbeeld. Het busje zette zich in beweging en reed terug in de richting waar het vandaan was gekomen. In de verte doemde De Presidency op.

Gedurende de hele avond zouden hier honderden hoge gasten de hand komen schudden van de nieuwe Zuid-Afrikaanse president. Dit zou gebeuren in etappes. Alle gasten waren ingedeeld in groepen, om onderlinge ongewenste confrontaties te voorkomen en ook om de gang erin te houden. Zo was er een groep met vertegenwoordigers van de EU-landen, één voor gekroonde hoofden, een andere voor de Amerikanen, enzovoorts. Iedereen had zijn eigen tijdslot. Natuurlijk hadden wij er geen idee van hoe laat prins Willem-Alexander aan de beurt zou zijn.

'We are here with the Dutch Prince of Orange'

Ons busje stopte voor het bordes, onder aan een brede stenen trap die naar de hoofdingang leidde. 'U wordt boven opgewacht,' zei de politieman die de schuifdeur van de auto voor ons opendeed en in de richting van het witte paleis wees. Van binnen jubelend besteeg ik de trap. Wij waren in het hol van de leeuw! De voordeur zwaaide open en in een monumentale hal werden wij opgevangen door een vriendelijke lakei in smoking.

'We are here for the Dutch delegation,' herhaalde ik wegens succes nog maar eens. Maar dit keer voegde ik er nog iets aan toe om onze missie als het ware nog meer gewicht te geven. 'We are here with the Dutch Prince of Orange.'

De man bij de voordeur hoefde al helemaal niet meer overtuigd te worden. Beleefd vroeg hij in het Engels of wij hem maar wilden volgen naar de wachtruimte voor de receptie. Prins Willem-Alexander werd pas over een klein half uur verwacht, vertelde hij, dus wij moesten even geduld hebben.

Over geluk niets te klagen

Ik moest onwillekeurig denken aan de gevleugelde woorden van onze kleurrijke adjunct-hoofdredacteur Anton Witkamp, die altijd zei: 'Geluk is met de hard werkenden.' Met die opmerking spoorde hij jonge reporters aan om initiatief te tonen en niet achter het bureau af te wachten tot het nieuws naar je toe kwam. Over geluk hadden wij op deze bijzondere dag in ieder geval niets te klagen.

De fraaie wenteltrap naar de eerste verdieping was bedekt met wit marmer. Boven aangekomen sloeg de lakei linksaf en opende de dichtstbijzijnde deur van de wachtruimte: de Pierneef Room, genoemd naar de beroemde Zuid-Afrikaanse schilder met wiens schilderijen de wachtkamer bleek te zijn behangen.
De deur zwaaide open en voor de zoveelste keer die dag hield ik mijn adem in. Gezeten in een comfortabele fauteuil in een soort zithoek herkende ik onmiddellijk één van de wachtende gasten, die nieuwsgierig opkeek naar de nieuwkomers. Het was prins Henri, de troonpretendent van het Groothertogdom Luxemburg.

Even verderop in de ruimte stond een man in Afrikaanse klederdracht, gehuld in een soort luipaardvel met iets in zijn hand dat op een speer of een staf leek. Om geen argwaan te wekken knikte ik vriendelijk naar prins Henri. Deze knikte terug, maar op diens voorhoofd viel nadrukkelijk te lezen: 'Who the fuck are you?'

Zuid-Afrikaanse chardonnay

De lakei verontschuldigde zich en beende terug naar de marmeren trap om beneden bij de voordeur nieuwe gasten te begroeten. Gelukkig stonden wij niet lang alleen in de met Perzische tapijten bedekte wachtruimte voor VIP's. Een bediende stapte met een blad vol glazen witte wijn op de nieuwe bezoekers af en voordat we het wisten stonden we ieder met een glas verrukkelijke Zuid-Afrikaanse chardonnay in de hand. Dat hadden we dubbel en dwars verdiend.

Het leek mij zaak ons zo onopvallend mogelijk te gedragen. Ik wist dat de vader van prins Henri, groothertog Jan van Luxemburg, een hartelijke familieband onderhield met de Oranjes. Aanvankelijk met Juliana en Bernhard, maar later ook met koningin Beatrix en haar gezin. Beatrix sprak de groothertog zelfs aan met 'Uncle Johnnie'. Diens zoon prins Henri en Willem-Alexander kenden elkaar van jongs af aan en liepen zich beiden warm voor de troon. Voor onze missie was het beter om even geen praatje te maken met Henri.
Het tweede aangeboden glas chardonnay smaakte zo mogelijk nog beter. En terwijl steeds meer hoge gasten binnen druppelden tikten de minuten langzaam weg. Prins Filip van België, een andere warmloper voor de troon, maakte zijn entree. Ons gezelschap werd met de minuut deftiger en veel belangrijker: niemand sloeg nog acht op ons. Wij hoorden er helemaal bij. Het drong tot mij door dat president Mandela weleens heel dicht in de buurt kon zijn. Er kwamen vele deuren uit op onze Pierneef Room, die echter allemaal gesloten waren. Met die wetenschap nam de spanning toe. Of beter: geconcentreerdheid, het besef om geen onnodige fouten te maken. Na enige tijd zwaaide de deur naar de gang opnieuw open en kondigde zich een nieuwe gast aan: Willem-Alexander.

■ Prins Henri van Luxemburg knikte de nieuwe 'gasten' in de Pierneef Room vriendelijk toe. *Foto: Corbis/ Hollandse Hoogte*

'Hoe hebben jullie hem dat geflikt?'

Het is normaal wanneer je een ruimte binnenkomt, dat je ogen een bliksemsnelle scan maken van de nieuwe omgeving. Je hersens doen dit in honderdsten van seconden. Bij de momentopname die de Prins van Oranje van de wachtruimte maakte, waarin met de indringers meegerekend zich zo'n man of tien bevonden, bleef zijn blik vrij snel steken bij degenen die hij hier het minst verwachtte. De twee verstekelingen! En voor wij het

De Pierneef Room.

Nelson Mandela, was natuurlijk zo slecht nog niet. Zijn eerste echt grote buitenlandse missie.

Als om dit stilzwijgende pact te bezegelen, richtte de prins zich tot Dalhuijsen en zei: 'Kom, geef mij die camera eens, dan zal ik een mooie foto van jullie tweeën nemen.' Dat was natuurlijk helemaal de wereld op zijn kop. Een prins die in het paleis van Mandela twee hondsbrutale journalisten op de foto zet. Met dikke pret poseerden Dalhuijsen en ik voor deze royal picture. We probeerden er nog een soort deftig staatsieportret van te maken, maar we konden het gezicht maar moeilijk in de plooi houden.

Inmiddels was de wachtruimte aardig volgestroomd met nog meer mannen met een bekend gezicht en veelbelovende toekomst. Felipe, prins van Asturië, de toekomstig Spaanse monarch, was één van hen.

beseften, stapte hij recht op ons af. Een kamer vol collega-koningen die hij allemaal goed kende, liet hij even voor wie zij waren.

Met een brede grijns vroeg hij: 'Hoe hebben jullie hem dat geflikt?' De vraag had een ondertoon van verbazing en bewondering tegelijk. Hij besefte direct dat wij een stunt hadden uitgehaald. In de wijde omtrek viel geen journalist te bekennen. Om de zaak niet mooier te maken, antwoordde ik: 'We zeiden gewoon dat we een foto kwamen nemen van jou en Mandela.' Dit antwoord beviel de prins. Natuurlijk besefte hij welke buitenkans dit voor hemzelf opleverde. Want een foto de volgende dag in ruim 800.000 kranten van hem met

Koning van de Zoeloes

Na de komische fotosessie met de prins, zag deze vanuit zijn ooghoek de man met luipaardvel en speer staan. Zonder zich te bedenken liep hij op deze kleurrijke exoot af en schudde hem met een zekere plechtigheid de hand. Luipaardman keek de Nederlandse prins afwachtend aan. Maar nadat Willem-Alexander zich had voorgesteld brak een lach door op diens gezicht.

De man bleek een collega, Goodwill Zwelithini, koning der Zoeloes. Uit flarden van het gesprek hoorde ik Willem-Alexander tegenover Zwelithini en Inkatha-leider Buthelezi, die ook was aangeschoven, een lans breken voor nauwere samenwerking tussen het nieuwe Zuid-Afrika en de landen van de Europese Unie. Aan de instem-

Koning Goodwill Zwelithini.

mende gebaren en goedkeurende blikken kon ik zien dat het gesprek in goede aarde viel.

En daar stond hij: de eerste zwarte president van Zuid-Afrika

De conversatie werd abrupt afgebroken, toen één van de tussendeuren van de wachtruimte werd geopend en het grote moment daar was. De open deur gaf toegang tot een veel grotere ontvangstruimte. En daar achter in die zaal stond de rijzige man om wie alles draaide deze dag en die het wereldnieuws beheerste: Nelson Mandela, de eerste zwarte president van Zuid-Afrika. Waardig, met een brede glimlach, gereed om de felicitaties vanuit alle windstreken in ontvangst te nemen.

Eén voor één

Om de zaken ordelijk te laten verlopen werd een rij gevormd en werden de gasten één voor één voor Mandela geleid. Door de historische context had de hele gebeurtenis onmiskenbaar iets plechtigs, maar Mandela deed zijn uiterste best met allerlei grapjes om de sfeer wat ontspannener te maken.

'Good luck,' riep Mandela de prins achterna

Voor Willem-Alexander was het een gedroomd moment. Daar stond hij dan: oog in oog met de held van zijn jeugd. Als chef de mission van de Nederlandse regering feliciteerde hij Mandela mede namens de koningin en prins Claus. Mandela toonde zich in zijn nopjes. 'Good luck,' riep hij de jonge Nederlandse prins achterna bij het afscheid. Dalhuijsen legde het plechtige moment tussen de twee mannen vast en daarmee was ook onze missie succesvol afgerond.

Het was inmiddels tegen half acht 's avonds. Er was weliswaar geen tijdsverschil tussen Nederland en Zuid-Afrika, maar wilden wij nog een kans maken de foto voor de eerste editie door te seinen, dan was het hoog tijd om in een taxi te springen. Terug naar het Rovos Railways Hotel in Pretoria, destijds vertrekpunt van nostalgische, peperdure safaritrips per Rovos-stoomtrein.

'Ik heb hem gezegd dat hij van harte welkom is in Nederland. Het spreekt vanzelf dat zijn aandacht eerst naar Zuid-Afrika uitgaat.'

We namen afscheid van Willem-Alexander. Deze vertelde op de valreep dat hij president Mandela had uitgenodigd een staatsbezoek aan Nederland te brengen. 'Ik heb hem gezegd dat hij van harte welkom is in Nederland, wanneer hij dit wil en wanneer hem dat het beste uitkomt. Het spreekt vanzelf dat zijn aandacht eerst naar Zuid-Afrika uitgaat.' Een uitnodiging die Mandela inderdaad in maart 1999 zou verzilveren. De prins vroeg en passant of de foto van hem met Mandela goed was geslaagd. In de sfeer van de avond kon ik niet anders dan zeggen: 'Kon beter! Maar nu moeten wij snel weg, anders komt hij niet eens in de krant.' Lachend sneerde de prins terug: 'Moet je op dit tijdstip nou weer een heel nieuw verhaal verzinnen voor je krant?' We hadden een snaar bij elkaar ontdekt – een knipoog en een lach – waar ik als journalist nog jarenlang plezier aan zou beleven.

Dansende president

De foto stond de volgende ochtend in de krant, maar moest uiteindelijk genoegen nemen met een plaatsje op een binnenpagina. Op de voorpagina had de eindredactie gekozen voor een andere – ook mooie foto – die bijna een kwart van pagina 1 besloeg. Een vrolijke dansende Mandela vlak na zijn beëdiging, de vuisten gebald. Gekocht van persbureau Associated Press. Een bewijs dat het leven van hardwerkende journalisten ook niet altijd over rozen gaat, al ben je nog zo inventief. De foto van het buitenlandse persbureau had ons toch nog verslagen. Na alle moeite en de stunt die wij hadden uitgehaald.

Voor prins Willem-Alexander was zijn eerste grote buitenlandse missie succesvol uitgepakt. Hij had zijn mannetje gestaan. En dat zonder de aanwezigheid van de Rijksvoorlichtingsdienst. Buiten alle diplomatieke ervaring die hij als missieleider had opgedaan, had hij voor het eerst ook direct te maken gehad met de media. In dit geval waren zowel de prins als ik een ervaring rijker. En precies over dit laatste punt zou nog uitvoerig door het Hof worden nagekaart.

Daarvoor moesten de koningin, prins Claus en hun staf nog wel even geduld hebben. Prins

Willem-Alexander ontbrak op de eerste stafvergadering die iedere maandag op Huis ten Bosch wordt gehouden, omdat hij op de terugweg een tussenstop had gemaakt in Kenia om een paar dagen uit te rusten.

Uiteraard behoorde alles wat in de 'Secretarievergadering' werd besproken binnenskamers te blijven

Officieel heette deze maandagochtendbijeenkomst op Huis ten Bosch de 'Secretarievergadering'. Het was de wekelijkse bijeenkomst van koningin Beatrix en prins Claus met de voornaamste leden van hun hofhouding (grootmeester(s), hofmaarschalk, ceremoniemeester en dergelijke) en de overige hoofden van dienst, zoals Rijksvoorlichtingsdienst en Veiligheids Dienst Koninklijk Huis. Uiteraard behoorde alles wat tijdens deze vergadering werd besproken tot het 'Geheim van Huis ten Bosch'.

Quoten van Oranjes tegen de regels

Los van tevredenheid over de missie van hun oudste zoon, was het opgevallen dat de prins het wel heel gezellig had gehad met de meegereisde *Telegraaf*-delegatie. Van wie was dit initiatief eigenlijk uitgegaan? wilde het thuisfront weleens weten. Het was dit keer goed uitgepakt, maar het had ook anders kunnen lopen, zo was de redenatie aan het Hof. Vooral het feit dat de prins een aantal malen sprekend was opgevoerd in de krant hield de gemoederen danig bezig. In de journalistiek bestaat de ongeschreven regel dat leden van het Koninklijk Huis niet gequoot mogen worden. Dat wist ik wel. Maar ik vond de uitspraken die Alexander tijdens de reis had gedaan zo onschuldig ('Mandela is een levende legende voor mij.'), dat ik de regel had gelaten voor wat-ie was. Het liet de prins eens van een wat andere kant zien.

Op het matje

Na thuiskomst uit Kenia had Willem-Alexander nog heel wat uit te leggen. Het was de tweede vergadering die aan dit heikele onderwerp werd besteed. Om lastige vragen af te wimpelen had Alexander gezegd dat hij alles bij elkaar hooguit een kwartier of zo met de meegereisde journalist had gesproken. Prins Claus had ten slotte een eind gemaakt aan deze conversatie en zijn zoon gecomplimenteerd met diens Mandela-missie. 'Je kunt journalisten moeilijk kwalijk nemen dat zij hun werk doen,' had prins Claus opgemerkt, en daarmee was de kous af.

Voor dat moment althans. Want heel geleidelijk zou er toch het één en ander veranderen rond de publieke optredens van de Prins van Oranje. Voor de Rijksvoorlichtingsdienst was het een nieuwe les geweest. En prins Willem-Alexander? Hij zou voortaan de beschikking krijgen over een eigen particulier secretaris om een extra oogje in het zeil te houden.

Met zeven Landrovers dwars door Tanzania (juni 1995)

Op zoek naar het oerbos uit Claus' jeugd

Na het gezamenlijke Mandela-avontuur in Pretoria was er een zekere vertrouwensband gegroeid met de prins. Er bleef voldoende afstand, maar er was een goede werkrelatie ontstaan.

In de evaluatie na de Mandelareis én ook omdat zijn agenda steeds voller raakte, was door het Hof besloten om Willem-Alexander voortaan de beschikking te geven over een eigen particulier secretaris. Een besluit om even bij stil te staan want dit betekende in de praktijk dat iedereen die voortaan iets wilde van de prins, eerst langs diens secretaris moest zien te komen.
In feite werden al zijn contacten met de buitenwereld hiermee eerst onderworpen aan een screening door zijn secretariaat. Spontaan op de prins afstappen voor een praatje, zoals wij op weg naar Zuid-Afrika hadden gedaan, kon je vanaf nu dus op je buik schrijven. Dat gat was gedicht.

Deze inperking van zijn bewegingsvrijheid leek hem zelf nauwelijks te deren. Sterker nog, Willem-Alexander bleek het direct goed te kunnen vinden met zijn nieuwe secretaris. De diplomatieke duizendpoot die deze klus moest klaren heette Jurriaan Kraak. Al jaren runde de jurist Kraak het secretariaat van prins Claus en nu zou hij dat van de Prins van Oranje er gewoon bij nemen.

Kraak was een persoonlijkheid. Relaxed in de omgang, ook met de pers, discreet maar niet bang. Dus wie weet zou er op het snijvlak van pers en koninklijk huis nog wat speelruimte overblijven. Particulier secretaris of niet, het leven ging gewoon door.

Een nieuwe spectaculaire reis

In mei 1995, precies een jaar na de inhuldiging van Mandela, kreeg ik onverwacht een uitnodiging voor een nieuwe spectaculaire reis. Jessa van Vonderen, hoofd Voorlichting Koninklijk Huis bij de Rijksvoorlichtingsdienst, vroeg mij tijdens een lunch in Perscentrum Nieuwspoort wat ik ervan zou vinden om met prins Claus en Willem-Alexander mee te gaan op een achtdaagse reis door de binnenlanden van Tanzania? In klein gezelschap met Landrovers dwars door het in rap tempo uitdunnende regenwoud.
Wat ik daarvan vond was nogal wiedes! Het zou

■ Vanuit Dar es Salaam trok de SNV-karavaan richting het noordwesten. Via Korogwe, Bumbuli en Soni ging het eerst naar Lesotho in de West Usambara Mountains en vervolgens langs Mombo, Magali, Mamboleo en de Masai-vlakte naar Moshi, Mount Meru en eindstation Arusha.

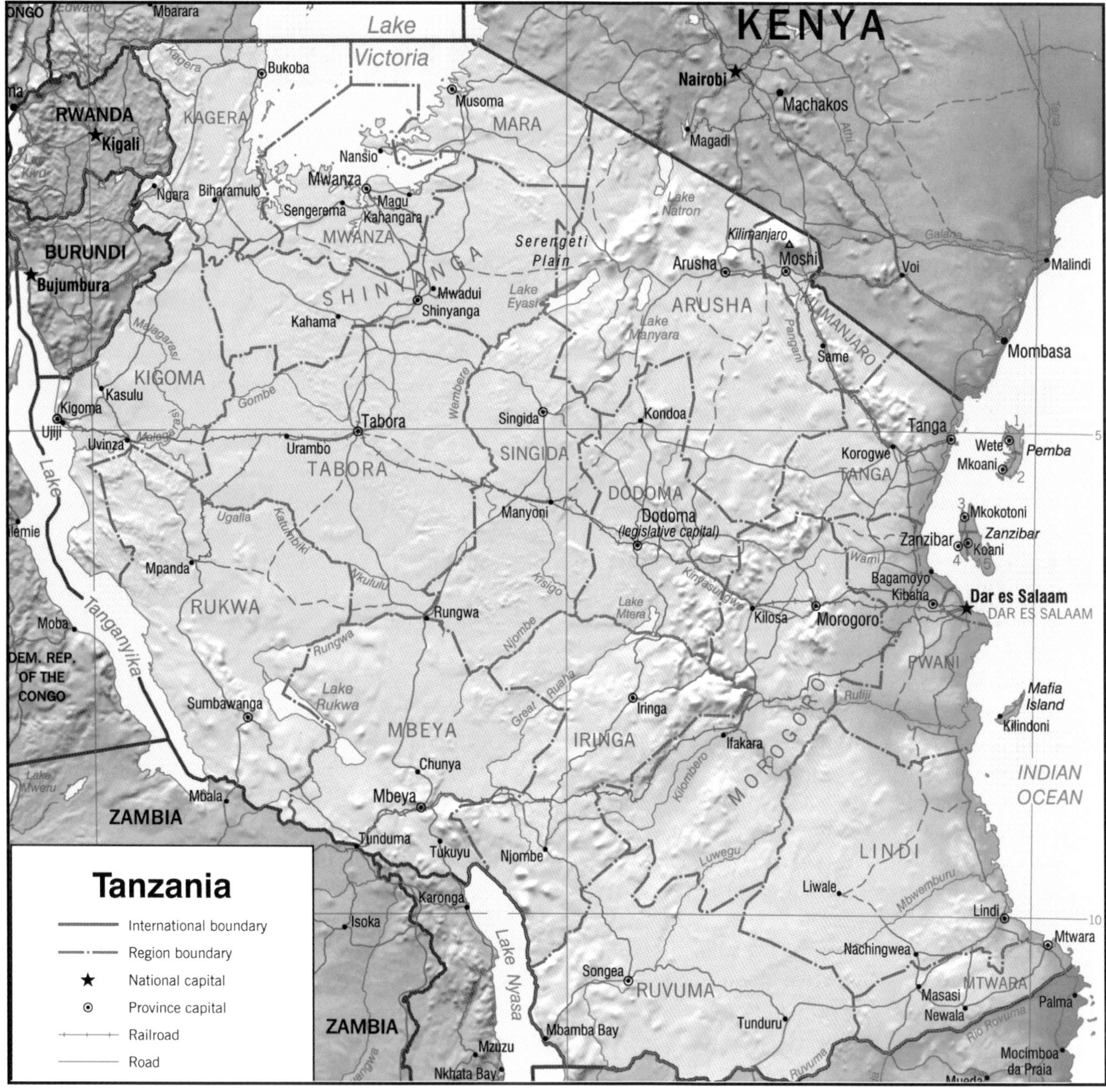

een inspectiereis worden langs allerlei ontwikkelingsprojecten en en passant zou prins Claus zijn oudste zoon laten zien waar hijzelf als kind was opgegroeid in wat toen nog Tanganyika heette.

Catwalk

Jessa was een verhaal apart. Zij had als journalist bij *Trouw* gewerkt en daarna bij Verkeer en Waterstaat als woordvoerder van VVD-minister Neelie Smit-Kroes. Zij kende het klappen van de zweep. In haar jonge jaren was zij model geweest en had voor bekende ontwerpers op de catwalk gestaan. Dat was haar nog duidelijk aan te zien. Zij was elegant en geestig, een verademing in de entourage van hovelingen en ja-knikkers.
De voorgangers van Jessa van Vonderen bij de RVD waren bijna allemaal gerekruteerd uit één van de krijgsmachtonderdelen, danwel afkomstig uit het diplomatenklasje van Buitenlandse Zaken. Mannen met aangeboren Oranjegevoel en de pink op de naad van de broek. Met die traditie was gebroken en onder Jessa woei er op communicatiegebied zowaar voorzichtig een vernieuwend briesje.

Jessa vertelde dat prins Claus als inspecteur-generaal van Ontwikkelingssamenwerking al een tijdje rondliep met het plan om Willem-Alexander mee te nemen op inspectiereis door Tanzania. Een uitgelezen gelegenheid om zijn zoon vertrouwd te maken met het lastige dossier ontwikkelingssamenwerking. Claus behoorde zo'n beetje tot de stamvaders van het Nederlandse ontwikkelingsbeleid: een betere mentor op dit gevoelige beleidsterrein was er niet.

Het was Jessa's idee geweest om van deze vader-zoon-reis niet louter een privé-uitstapje te maken, maar er juist enige publiciteit aan te geven. Prins Claus zag hier aanvankelijk niets in. Bij hem was in 1991 de ziekte van Parkinson vastgesteld. Dit beperkte hem mede door medicijngebruik. Hij wilde het bezoek aan Tanzania in eigen tempo doen en zijn reisgezelschap vooral zo klein mogelijk houden. Van een mediacircus wilde hij al helemaal niets weten. Na een aantal vergaderingen over dit onderwerp borrelde uiteindelijk het lumineuze plan op om slechts een paar journalisten op persoonlijke titel uit te nodigen om deze reis te verslaan.

En zo geschiedde dat naast ikzelf ook *NRC Handelsblad*-collega Kees van der Malen en Jeroen Pauw (RTL4) de eervolle uitnodiging ontvingen deze hoogst exclusieve Afrikareis mee te maken. Een ochtend- en een avondkrant en één televisiestation. Dat was alles. *Telegraaf* en *NRC* beten elkaar qua concurrentie nauwelijks en RTL zou de documentaire die zij van de reis zouden maken pas één of twee weken na terugkeer uitzenden. De hele trip had zodoende voor alle deelnemers een nogal hoog exclusiviteitsgehalte.

'Hand picked by the Queen': Op persoonlijke titel mee op trektocht door Tanzania

'Hand-picked by the Queen,' had Jessa van Vonderen de selectie van de drie journalisten deftig genoemd. Ik vond het prima: deze keer kwamen wij met een chique invitatie over 'de rode loper', een volgende keer ging het journalistieke werk gewoon weer door, ook zonder officiële uitnodiging.

Overigens zou de RVD, net als bij de trip naar de inhuldiging van Mandela, ook dit keer niet van de partij zijn. En zeer ongebruikelijk: zelfs de persoonsbeveiligers van de Veiligheids Dienst Koninklijk Huis, die de leden van het koninklijk huis doorgaans dag en nacht omringen, werden thuisgelaten. Dit om het gezelschap rondom prins Claus zo klein mogelijk te houden. Wie wel meeging was de particulier secretaris van beide prinsen, Jurriaan Kraak.

Dinsdag 6 juni 1995 – Start in Dar es Salaam

Eenmaal in Tanzania zou de regie van onze reis in handen zijn van de Stichting Nederlandse Vrijwilligers (SNV). Prins Claus was erevoorzitter van deze particuliere ontwikkelingsorganisatie, die in 1965 was opgericht onder de paraplu van Buitenlandse Zaken. SNV is actief in 38 ontwikkelingslanden en helpt de plaatselijke bevolking bij armoedebestrijding door medefinanciering van allerlei plaatselijke projecten.

Op de luchthaven van Dar es Salaam werden wij verwelkomd door SNV'er Fred Bogaards en Bob Hensen, een zonderling van de Nederlandse ambassade die een opvallend olifantenamulet om zijn nek droeg. Overigens was ons 'selecte clubje' al enigszins uitgedijd. Jeroen Pauw, die ik alleen als nieuwslezer van het televisiescherm kende, werd vergezeld door regisseur Kay Mastenbroek en cameraman Gilles Frenken, twee aan de weg timmerende film- en documentairemakers. *NRC*-collega Kees van der Malen was in goed gezelschap van fotograaf Vincent Mentzel en ikzelf had mij verzekerd van het fotografisch oog van Johannes Dalhuijsen, mijn eerdere reisgenoot op de missie-Mandela.

De heenreis van prins Claus en Willem-Alexander, die op eigen gelegenheid naar Tanzania vlogen, was minder voorspoedig verlopen dan de onze. Tegenwind en zandstormen boven de Sahara dwongen hen tot extra tussenlandingen in Athene, Karthoum en Nairobi.

Het Kilimanjaro Hotel: grandeur van weleer

Het liep al tegen tienen 's avonds toen wij incheckten in ons hotel. Het Kilimanjaro Hotel in Dar es Salaam was dé plek waar ooit de vertegenwoordigers van de donorlanden groots door hun Tanzaniaanse gastheren werden onthaald. De tand des tijds was niet aan dit voormalige tophotel voorbijgegaan, maar in de zwoele tropenavond leek het toch nog iets van zijn oorspronkelijke Afrikaanse grandeur te hebben behouden.

Onder een welkomstdrankje vertelden Bogaards en Hensen wat de journalisten de komende dagen zoal te wachten stond. Bij ons gezelschap had zich inmiddels ook Rob Vermaas gevoegd, een oude journalistieke rot die op dat moment directeur Voorlichting was bij het ministerie van Ontwikkelingssamenwerking van Jan Pronk.

Minister Pronk was de politieke baas van prins Claus, die als ontwikkelingsdeskundige op dit ministerie werkte en wekelijks in Den Haag te vinden was, waar hij een eigen werkkamer had. Vermaas zou het in de jaren die volgden tot gevolmachtigd minister en ambassadeur schoppen, om zijn carrière in 2011 af te sluiten als de Vertegenwoordiger van Nederland op de Antillen. Een prettige reisgenoot die door zijn journalistieke achtergrond precies wist hoe de hazen liepen.

SNV'er Fred Bogaards bleek eveneens uit het goede hout gesneden, wat plezierig is als je dagen met elkaar zit opgescheept. Bogaards was agrarisch bedrijfskundige met een no-nonsens kijk op ontwikkelingshulp. Ontwikkelingslanden zoals Tanzania zag hij als 'klanten' met wie je een contract afsloot. Bogaards: 'Wij maken met een dorp de afspraak dat zij 70 procent van de projectkosten zelf dragen, bijvoorbeeld door het leveren van arbeid. De rest passen wij bij. Komen zij hun contract niet na, dan trekken wij de stekker eruit. Werkt het niet, dan stoppen en andere dingen doen met je geld. Niet te veel de wereldverbeteraar uithangen.'

Bogaards vertelde dat er die ochtend opeens drie Tanzaniaanse politiemannen bij het plaatselijke SNV-kantoor op de stoep hadden gestaan met de mededeling: 'Wij komen uw prinsen op deze trip beschermen.' Bogaards: 'Wij hebben gezegd: hartelijk dank voor het aanbod, maar dat is al geregeld.'

'Joop den Uyl liep hier met een gat in zijn broek en riep voortdurend: "Ik zie een wildebeest, ik zie een wildebeest."'

Ook Rob Vermaas had vaker met dit bijltje gehakt in Tanzania. 'Het lastigste bij dit soort reizen is vaak om de autoriteiten en beveiliging op afstand te houden. Toen Den Uyl hier in 1977 was, had-ie dagenlang een man met een pet achter zich aan. Hij werd hartstikke gek van die vent. Joop liep hier gewoon rond zoals hij was, met een gat in zijn broek, en riep voortdurend als hij zijn bewaker zag: "Ik zie een wildebeest, ik zie een wildebeest." Maar voor de Tanzanianen was hij de minister-president van Nederland, die bewaakt moest worden.'

Woensdag 7 juni – Welkom in de tropen

Uit de douche in het Kilimanjaro Hotel sijpelde de volgende ochtend een miezerig bruin straaltje. Welkom in de tropen. Dat kon de komende dagen in de binnenlanden nog interessant worden. Ook werden hotelgasten via een briefje op hun kamer gewaarschuwd niet in gladde praatjes te trappen van meisjes die rondhingen bij het hotel of in de haven. De 'ziekte van Dun', zoals aids hier werd genoemd, lag overal op de loer. Een epidemie die zoveel leed aanrichtte in dit werelddeel.

Vooraf was afgesproken dat prinsen en journalisten gedurende de gehele trip in aparte hotels zouden logeren, om prins Claus ten minste 's avonds enige privacy te gunnen. Zo waren de prinsen na hun onrustige vlucht over de Sahara neergestreken in het Oyster Bay Hotel in Dar es Salaam. Dit fraaie hotel met uitzicht op de Indische Oceaan, was deze ochtend het verzamel- en vertrekpunt van ons achtdaagse avontuur. Voor het hotel stonden zeven glimmende witte SNV-Landrovers gereed en buiten op het gazon wachtten prins Claus en Willem-Alexander al op het vertrek.

Prins Claus genoot van een dun sigaartje en was net als zijn zoon 'dressed for the occasion' in poloshirt en kaki broek. De begroeting met het journaille was informeel en kort. Maar zodra prins Claus *NRC*-fotograaf Mentzel in het vizier kreeg, riep hij lachend: 'Ah...Vincent va en guerre!'

De twee kenden elkaar goed. En inderdaad zag Mentzel eruit alsof hij klaar was voor de strijd. Hij droeg een soort jagersvest voor de tropen met allemaal zakken, waarin hij fotorolletjes en cameralenzen kwijt kon. Als bescherming tegen de zon had hij een rood-witte boerenzakdoek om zijn hoofd geknoopt. Mentzel stond er niet alleen

De eerste dagen trokken de zeven Landrovers door de Usambara Mountains. Goed berijdbare asfaltwegen werden afgewisseld door stoffige zandwegen met verraderlijke kuilen.

door zijn outfit gekleurd op bij de koninklijke familie. Hij werd beschouwd als één van de beste persfotografen van zijn tijd en was een aantal keren op Huis ten Bosch geweest om familiefoto's van de Oranjes te maken. Ook had hij een serie portretfoto's gemaakt van de koningin, die waren gebruikt voor haar beeltenis op de Nederlandse munt en verschillende postzegels. Het was dus wel duidelijk waaraan Vincent zijn uitverkiezing voor deze bijzondere reis had te danken.

Prins Claus had er alles aan gedaan om het aantal mensen in zijn gevolg tot een minimum te beperken, maar uiteindelijk bestond deze 'mini-entourage' toch nog altijd uit een kleine dertig man: SNV'ers, lokale gidsen, ambassademensen, chauffeurs en... wij dus. Ook de voorzitter van de Stichting Nederlandse Vrijwilligers, Hans Simons, had zich aangesloten. Simons was in het kabinet-Lubbers-III staatssecretaris van Volksgezondheid geweest voor de PvdA. Ten tijde van deze reis was hij wethouder in Rotterdam, dat zich in die maanden heftig verzette tegen kabinetsplannen om Rotterdam op te delen in een stadsprovincie. Een joviale vent met een geweldig gevoel voor humor, waarop wij later uitvoerig terugkomen.

Vloeiend Swahili en Engels

Onze eerste dagtrip ging naar Lesotho, een plaatsje in het noorden van Tanzania, waar prins Claus in zijn jonge jaren op kostschool was geweest. De vader van prins Claus, Claus Felix von Amsberg, was in de Eerste Wereldoorlog planter in wat toen Tanganyika heette.
Door de oorlog was hij gedwongen naar Duitsland terug te keren. Maar in 1928 pakte Von Amsberg sr. opnieuw zijn koffers en keerde met echtgenote Gösta, de 2-jarige Claus en diens zusje Sigrid (3) terug naar Tanzania. Claus sr. werd er bedrijfsleider op een Engels-Duitse plantage waar sisal en koffie werd verbouwd. Van sisal werden vloerbedekkingen en touw gemaakt. Prins Claus woonde er tussen 1928–1938 - van

zijn tweede tot zijn twaalfde jaar – en leerde er vloeiend Swahili en Engels.

Een periode die hij later zelf omschreef als 'de meest opwindende en gelukkigste tijd van mijn jeugd'. Omdat er geen scholen waren in de buurt van de plantage in Njesami, een gehucht zo'n 25 km ten noorden van de havenstad Tanga, belandde de jonge Claus op kostschool in Lesotho, dat toen nog Wilhelmstal heette. Een Duits missieplaatsje zo'n 300 km landinwaarts. En dat vlekje op de kaart, midden in de West Usambara Mountains op ruim zes uur rijden ten noorden van Dar es Salaam, was het doel van onze eerste reisdag.

■ Typisch Afrikaans beeld langs de kant van de weg: eenvoudige lemen huizen met golfplaten daken.

Over Deens asfalt naar Lesotho

Het merendeel van de hutjes langs de kant van de weg was opgetrokken uit gele dan wel rode klei. De daken van golfplaten of stro. Jochies op blote voeten met lachende tronies gooiden als tijdverdrijf kippen in de lucht, die na landing wild fladderend en kakelend een goed heenkomen zochten tussen de huisjes. In bijna ieder dorp stond wel een Caltex-benzinepomp, een merk dat in Europa allang niet meer bestond. De geur van kleine houtvuurtjes deed mij aan Indonesië denken en verlangen naar een bordje nasi goreng. Tempo doeloe. Onze weg slingerde zich door een glooiend groen landschap met steeds wisselende vergezichten. Van enige droogte viel in dit jaargetijde in Oost-Afrika niets te bespeuren. Bij het plaatsje Soni gooide een groepje kleurrijk geklede vrouwen maiskolven en stukken bast van kokosnoten op het asfalt, vermoedelijk uit balorigheid omdat onze karavaan te snel en in een grote stofwolk langsreed.

Prins Claus en Willem-Alexander zaten in de voorste Landrover, maar voor de dorpelingen viel aan niets te zien dat er koninklijke bezoekers voorbijtrokken. Geen politiebegeleiding, geen koninklijke standaard op de auto's, niets. Alleen stof. SNV'er Fred Bogaards, die in onze Landrover zat, waarschuwde op te passen met het fotograferen van Masai-krijgers. Wij zouden de komende dagen door het noordelijk deel van Tanzania trekken, het leefgebied van dit trotse nomadenvolk. 'Ze rijgen je zo aan hun speer,' had hij er lachend aan toegevoegd.

En inderdaad straalden de eerste Masai die ons pad kruisten uit dat er met hen niet te spotten viel. Kaarsrechte slanke gestaltes in fel rode gewaden. Vrouwen met rood geverfd haar en een nek die veel langer lijkt dan die van gewone stervelingen, versierd met een overvloedige hoeveelheid kralen.

Vóór onze reis had ik een artikel uit *Der Spiegel* gescheurd voor Willem-Alexander. Het stuk ging over Richard Leakey, de bekende Keniaanse natuurbeschermer die hij via zijn grootvader Bernhard had leren kennen. Leakey wilde een gooi doen naar het presidentschap in zijn land, maar werd om redenen die in het artikel werden uitgelegd, hierbij gedwarsboomd door boze Masai. Op het programma voor de komende dagen stond een bezoek aan de Masai. Wellicht konden we dit probleem en passant even oplossen.

■ Een groepje jonge Masai-vrouwen, nieuwsgierig kwebbelend langs de kant van de weg. Overvloedig versierd met kralen, gehuld in rood gekleurde gewaden.

De uitstekende asfaltweg waarover wij al uren reden bleek te zijn aangelegd met Deens belastinggeld. SNV'er Bogaards: 'De ironie wil dat het vooral de ontwikkelingswerkers zelf zijn die deze weg gebruiken. Als je er overheen rijdt zie je langs de kant overal armoede. Daar moet je dus óók iets aan doen. Je bent er niet alleen met het aanleggen van een weg.'

Wij passeerden plaatsjes als Korogwe, Mombo en Magali. Van tijd tot tijd hield de karavaan halt voor het maken van een sanitaire stop. Bomen in overvloed. Voor de prinsen was het gelijke monniken gelijke kappen. Precies zoals prins Claus zich de reis vooraf had voorgesteld: weg met iedere vorm van protocol. En zo arriveerden wij na een schitterende eerste reisdag als één groep in Lesotho, blij maar vermoeid. Volgens afspraak scheidden zich hier voor de nacht de wegen van journalisten en royals.

Donderdag 8 juni – Op inspectie in Magali

De avonden vallen vroeg en snel in de Usambara Mountains. En omdat Lesotho in de heuvels ligt, is het er 's avonds aan de frisse kant. Het Kanaani Resthouse waar wij de nacht doorbrachten was precies wat het in de reisfolders beloofde te zijn: simpel, clean en omgeven door natuurschoon. Iedere kamer had zijn eigen veranda met uitzicht op tropisch bos.

Omar Mgonda, de 'chairman' van het 720 zielen tellende dorpje Magali even ten westen van Lesotho, was heel blij met het inspectiebezoek waarmee de Nederlandse prinsen hem deze dag vereerden. 'Iemand zó hoog en die ook nog donor is,' had hij in zijn welkomstwoord gezegd. Rond Magali werden met hulp van SNV een aantal irrigatieprojecten uitgevoerd.

Nieuw bergpad uitgehakt voor prins Claus

Om dit werk te bezoeken was speciaal voor prins Claus een nieuw bergpad uitgehakt. Het pad was minder steil dan de route die de arbeiders dagelijks op blote voeten aflegden door de bush. 'Ach, in Nederland wordt hier en daar toch ook een likje verf gegeven als de prins ergens langskomt. Nu hebben zij zelf ook een mooi pad dat zij kunnen gebruiken,' vergoelijkte Pronk-woordvoerder Rob Vermaas dit aardige gebaar.

Met pikhouwelen en scheppen waren mannen, maar ook opvallend veel vrouwen, zingend bezig om tegen de berghellingen terrassen uit te hakken. Door de aanleg van deze kleine akkertjes werd voorkomen dat vruchtbare grond door regenwater zou wegspoelen. Dorpsoudste Mgonda gaf blijk van een ontroerend financieel inzicht door uit te leggen dat boeren op deze wijze weliswaar hun productie en dus ook hun inkomsten wisten te verdubbelen, maar tegelijkertijd ook weer twee keer zoveel geld uitgaven. Onzichtbaar voor de chairman wierpen de prinsen elkaar een geamuseerde blik toe. Door bodemconservering en irrigatie was in het gehele district op deze wijze 6532 ha nieuw akkerland gewonnen op de natuur.

Tijdens een briefing even later in het plaatselijke SNV-kantoortje vroeg prins Claus aan de jonge Tanzaniaanse SNV-man Raphaël Burra: 'In mijn tijd waren er helemaal geen terrassen in Lesotho. Van wie komt dit hele idee? En hoe profiteren de armste boeren hiervan?'

Burra: 'Het idee komt van de boerengroepen zelf. Door deze nieuwe aanpak kun je met dezelfde hoeveelheid water precies twee keer zoveel land geschikt maken voor landbouw. De grond die zo gewonnen wordt, gaat naar vrouwen en mannen die geen land hebben.'

'Hoe staat het eigenlijk met de Tanzaniaanse controle op de voortgang van dit project en hoe is het toekomstige onderhoud geregeld?' wilde prins Willem-Alexander van Burra weten. De jonge Tanzaniaan vertelde dat hij kort ervoor nog in Nederland was geweest om een prijs voor het project in Magali in ontvangst te nemen van minister Pronk en dat het Nederlandse ministerie ieder jaar controleert of de doelstellingen van dit SNV-project worden gehaald.

'U praat al net zo als een Nederlandse ambtenaar,' lachte prins Claus, die bespeurde dat Burra op diplomatieke wijze de vraag van zijn zoon probeerde te omzeilen, naar het toezicht van de Tanzanianen zélf. De prins had een vers sigaartje opgestoken en liet joviaal een schaal koekjes rondgaan in het kantoortje. Claus was geheel in zijn element en vroeg zijn Tanzaniaanse gastheer: 'Toen u laatst in Nederland was, heeft u toen ook onze polders en onze terrasjes gezien? De Nederlandse poldergrond is de vruchtbaarste die er is.'

Later zou hij over Burra zeggen: 'Hem kunnen ze beter direct minister maken om goede beleidsplannen door te drukken. Zo'n aardige intelligente man. Er zouden veel meer Tanzanianen in leidinggevende posities moeten komen bij het uitvoeren van dit soort kleinschalige programma's. Je kunt honderdduizenden experimenten

■ Nul protocol. Prins Claus neemt onderweg ontspannen een fotootje van een muzikaal intermezzo door een plaatselijk kinderorkest. Ook prins Willem-Alexander en de SNV-begeleiders vermaken zich opperbest. *Foto: Vincent Mentzel/NRC*

steunen, maar als de Afrikanen het niet zelf oppikken dan werkt het niet.'

'Krijgen die kinderen daar eigenlijk voor betaald?' wilde prins Claus weten

In gezelschap van Burra werd 's middags ook een missieschooltje bezocht in Magila. Hier demonstreerden schoolkinderen hoe zij van palmbladeren bloempotjes vlochten, waarin zaadjes van fruitbomen tot ontkieming werden gebracht. In vijf jaar tijd leverde dit schoolproject zo'n 87.000 nieuwe (fruit)bomen op. Een initiatief om de Tanzaniaanse jeugd bewust te maken van de gevaren van ontbossing.

Claus: 'Krijgen die kinderen eigenlijk betaald voor hun werk?'
Burra (vriendelijk): 'Nee, maar u mag gerust een paar boompjes kopen.'
Claus (lachend): 'Dan moet u bij hem zijn (wijzend op SNV-directeur Besseling), die is rijk, die heeft veel geld. Accepteert u creditcards?'

Even later, bij een bezoek aan de plaatselijke theefabriek, vond prins Claus het welletjes. Hij voelde zich 'zeeziek' door alle gehobbel over de zandwegen in de stug verende Landrovers en keerde samen met zijn zoon terug naar hun logeeradres in Lesotho.

Vrijdag 9 juni – Prins Claus: een 'oude Tanzaniaan' die weer thuiskomt

Een vrije ochtend in Lesotho. Tijd voor vader en zoon om samen op zoek te gaan naar de nog overgebleven sporen uit Claus' kostschooltijd in het Wilhelmstal van zijn jeugd. Een privémoment, zo was van tevoren afgesproken, maar prins Claus wilde de meegereisde journalisten later op de dag best vertellen hoe hij zijn 'thuiskomst' in Lesotho had ervaren.

In het districtskantoor van Lesotho wond hij er 's middags geen doekjes om. 'Ik voel mij een oude Tanzaniaan die weer thuiskomt. Ik heb hier voor de oorlog geleefd in de koloniale tijd. Dat kun je niet meer vergelijken met het Tanzania van nu. Na de onafhankelijkheid in 1961 kwam president Julius Nyerere met zijn "Ujamaa"-gedachte. In Swahili betekent dit: Grote Familie. In het hele land werden collectieve Ujamaa-dorpen opgericht. Maar van dit experiment met een eigen Afrikaans socialisme, dat de boeren drinkwater en gezondheidszorg beloofde, is helaas niets terechtgekomen. Het heeft de Tanzaniaanse bevolking ontzettend veel gekost en eigenlijk heeft het land alleen maar achterstand opgelopen in het ontwikkelingsproces.'

Tot zijn spijt had prins Claus moeten constateren dat zijn eldorado, het oude Tanganyika, niet meer bestond. Vooral de ontbossing die hij in zijn oude leefomgeving aantrof deed hem pijn. 'Juist Lesotho en omgeving had een bijzonder mooi oerbos. Je voelde je in een andere wereld. Smalle wegen waar in de regentijd niet overheen te komen was en boven je hoofd groeide alles samen als in een reusachtige kathedraal. Door de catastrofale ontbossing zie je nu plantages die niet zijn onderhouden en fruit dat op de grond ligt te rotten. De bevolking is vrij passief. Zij ondergaan het gewoon en komen niet in opstand.' In het districtskantoor richtte prins Claus zijn pijlen ook op zijn Afrikaanse gastheren. 'Kunt u mij vertellen: vroeger stonden hier overal bomen. Waar zijn die gebleven?' De lokale bevolking zelf bleek de grote boosdoener te zijn. Grote delen van het oerbos waren gekapt voor brandhout, huizenbouw of de aanleg van akkerland. 'Dat is dus een verkeerd gebruik door de mens,' meende prins Willem-Alexander.

Op reis als vader en zoon

Bij het vertrek uit het districtskantoortje tekenden zowel vader als zoon het gastenboek. 'Willem-Alexander, Holland', stond er kortweg. Eronder tekende prins Claus een pijl naar de naam van zijn zoon, met de toevoeging: 'father of'. Dat vond hij voldoende. En zo was het ook: prins Claus en Willem-Alexander waren op reis in Tanzania als vader en zoon.

Zaterdag 10 juni – Heel Mamboleo loopt uit

De onderlinge band tussen de expeditieleden was na een aantal dagen samen optrekken steeds losser geworden. Voor vandaag stond een bezoek aan het SNV-project in Mamboleo op het programma. Vanuit Lesotho een flink eind rijden over hobbelige zandwegen vol kuilen. Het leek oud-staatssecretaris Hans Simons leuk, om als SNV-gastheer een dagje mee te rijden met de pers-Landrover. En zo trokken wij met zeven terreinwagens in colonne richting Mamboleo. Simons ontpopte zich tijdens deze rit als een geestige reisgenoot en aanstekelijke stemmingmaker.

Toen hij onderweg ergens tientallen Afrikaanse jochies in een enorme stofwolk op blote voeten achter een bal aan zag rennen, greep hij direct een denkbeeldige microfoon voor een live radioverslag: 'Ja, dames en heren, de wedstrijd staat hier op het punt te beginnen. Daar komen de scheidsrechters net het veld oplopen. Ze zijn vandaag helemaal in het wit gekleed...' In werkelijkheid was er natuurlijk helemaal geen scheidsrechter. Maar de gedachte dat de denkbeeldige Afrikaanse arbiter een wit tenue zou moeten dragen om goed zichtbaar te zijn werkte op de lachspieren. Even daarvoor had Simons van een meisje langs de kant van de weg een appel aangepakt en hier direct enthousiast een grote hap uit genomen. 'Moet je die niet eerst even wassen?' was er nog gevraagd. 'Niet nodig,' had de Rotterdamse wethouder vrolijk geroepen.

Een paar minuten later brak het appeltje hem lelijk op. Tot groot vermaak draaide Simons hierop zijn portierraampje omlaag en bleef al rijdend minuten lang met zijn derrière uit het zijraam hangen. Op zich al een acrobatisch staaltje, maar de verbaasde blikken van de dorpelingen die wij zo passeerden maakte het nog hilarischer.

Islamitische vrouwen begroetten de koninklijke gasten met traditioneel hoog gegil

In Mamboleo liep het hele dorp uit voor het hoge bezoek. Kinderen renden in een grote stofwolk met de Landrovers mee, totdat de laatste auto tot stilstand was gekomen. Islamitische vrouwen begroetten de koninklijke gasten met een hoog gillend stemgeluid, de traditionele welkomstgroet. De man die even daarvoor nog had geprobeerd de enthousiaste kinderschare op afstand te houden, wierp zich op voor een welkomstwoord.

Met een stuk papier in zijn hand ging hij kaarsrecht voor prins Willem-Alexander staan. Aangenomen werd dat hij de burgemeester van het dorpje was of een andere notabele. Hij had zich in ieder geval op zijn paasbest aangekleed en droeg een oude regenjas, die hij tot de bovenste knoop had dichtgemaakt. Zo stond hij met zijn borst vooruit in de brandende zon pal voor de prins.

'Ik hou van dit land. Het zijn zulke lieve eenvoudige mensen. Kijk eens wat een prachtige meisjes.'

Prins Claus had zich stilletjes uit de voeten gemaakt en klom op de bumper van één van de terreinwagens. Met zijn knieën steun zoekend tegen de nog warme motorkap, maakte hij stiekem wat foto's van dit kleurrijke welkomstceremonieel, met een piepklein Minoxcameraatje. Prins Claus genoot: 'Ik hou van dit land. Het zijn zulke lieve eenvoudige mensen. Kijk eens wat een prachtige meisjes.'

Met luide stem was de man in de regenjas begonnen met het voorlezen van zijn naam en verdere antecedenten. Na een paar minuten fluisterde de plaatselijke SNV-man, die het welkomstwoord voor Willem-Alexander stond te vertalen, dat deze niet naar de burgemeester van Mamboleo stond te luisteren maar naar de plaatselijke 'dorpsgek'.

■ In Mamboleo liep het hele dorp uit om Willem-Alexander te begroeten. *Foto: Vincent Mentzel/NRC*

Zonder uit de plooi te vallen boog de prins zich naar de naast hem staande Hans Simons en zei zachtjes: 'Ik krijg zojuist te horen dat de man voor ons ook wethouder is en wel wat voelt voor een stadsprovincie. Dat zou betekenen dat jij je baan kwijt bent.'

Simons: 'We maken jou hier stadhouder.'

Simons gierend van de pret: 'Dat komt goed uit. Dan vestig ik mij hier direct ergens in een dorp en maken we jou stadhouder.' De stemming op deze vijfde reisdag werd er almaar beter op. Even later in Mamboleo zag Simons een Tanzaniaans jochie met een zelfgemaakte bal en riep: 'Play the ball.' 'Ja, Feyenoord kan nog wel een paar aankopen gebruiken,' plaagde Willem-Alexander. Simons bedacht zich geen moment en schoot de bal direct in de voeten bij Willem-Alexander. Met gestrekte hand liep hij vervolgens op de prins af en zei: 'Verkocht.'

Ook prins Claus deed een duit in het zakje door quasi-ernstig aan zijn zoon te vragen: 'Zeg Alexander, voor wie ben jij eigenlijk met voetballen?' Deze lachend: 'Ik zeg altijd voor het Nederlands elftal, maar ik denk dat iedereen nu zo langzamerhand wel weet voor wie ik ben.'

Maandag 12 juni – Grote paniek: één van de Landrovers wordt vermist

Na een korte rustdag was het tijd voor een nieuwe verplaatsing en een nieuw avontuur. Van de Usambara Mountains zouden wij in noordwestelijke richting via de Masai-vlakte naar Arusha reizen.

Arusha wordt beschouwd als de multiculturele hoofdstad van Oost-Afrika. Het International Criminal Court voor Rwanda was er gevestigd en de stad fungeerde decennialang als diplomatiek centrum voor allerlei conferenties van Afrikaanse landen. Arusha ligt in een oostelijke uitloper van de Great Rift Valley en is daarmee een geliefde uitvalbasis voor trips naar natuurparken zoals Serengeti, de Ngorongorokrater en de hoogste berg van Afrika, Mount Kilimanjaro.

De stemming zat er na een week reizen goed in en van enige discipline in de Landroverkaravaan was tijdens de verplaatsingen helemaal geen sprake meer. De eerste dagen hadden de zeven SNV-terreinwagens nog keurig in formatie achter elkaar aan gereden. Maar die ban was gebroken door de RTL-équipe. Filmer Gilles Frenken zag onderweg steeds mooie beelden die hij wilde vastleggen voor zijn documentaire. En dus maakte de RTL-Landrover zich regelmatig los van de overige auto's en sloot zich dan later weer aan. Even een shot maken van de in mist gehulde heuvels van Mount Meru, wroemmm... snel de spectaculaire zonsondergang vastleggen met de Kilimanjaro op de achtergrond, enzovoorts.

Niet alleen de RTL-Landrover was zijn eigen parcours gaan rijden, ook diverse SNV-auto's maakten zich voortdurend uit de voeten om lunches te regelen of 's avonds alvast kamp te maken voor de overnachting. Kortom, het was gedaan met de reisdiscipline van de eerste dagen.

Het was een 'komen en gaan' geworden dat nog voor een uiterst spannend slot van de dag zou zorgen. Maar eerst stond een bezoek op het programma aan de plaatselijke Masai-gemeenschap. 'Kijk,' zei prins Willem-Alexander, toen wij onderweg naar de Masai Steppe een vrachtwagen met een hoop blikschade passeerden die kennelijk net een aanrijding had gehad: 'Ik zie dat Simons hier net is langsgeweest.'

■ In de Masai-vlakte inspecteerde prins Willem-Alexander de veestapel van dit Nomadenvolk. Rechts naast Willem-Alexander zijn 'vriend' Hans Simons, voorzitter van de SNV.

Kralenketting

De Masai is een stam van veeteeltdrijvende krijgszuchtige nomaden, die al eeuwen volgens eigen tradities leeft in het noorden van Tanzania en zuiden van Kenia. De Masai leven op zuivelproducten en runderbloed. SNV helpt hen bij het gezondhouden van hun veestapel, die voor een deel bestaat uit zwart-bonte Friese koeien.

Masai-stamoudsten Olayawa en Sitonik Olibilibi verwelkomden de Nederlandse prinsen op traditionele manier. Prins Claus kreeg als geschenk een met de hand gesneden wandelstok, de 'stick of wisdom', en zijn zoon een kralenketting. Deze bleek echter te klein om over het blonde Hollandse hoofd te trekken. Wat hij ook probeerde, prins Willem-Alexander kreeg de kralen niet over zijn kruin. Tot groot leedvermaak uiteraard van het Nederlandse kamp.

Volwassenheid door doden van leeuw

Geïnteresseerd luisterden vader en zoon tijdens de rondleiding naar de verhalen van en over de Masai. Zo moeten jonge Masai-mannen hun volwassenheid bewijzen door met een dolk of speer een leeuw te doden. Hun waardigheid is gebaseerd op een volmaakte controle van lichaam, ziel en instincten en het vermogen zonder angst wilde dieren tegemoet te treden. Pijn kent de Masai niet. Zo ontstond de mythe dat een leeuw al snel met de staart tussen de benen verdwijnt zodra hij aan de horizon het silhouet van een Masai-krijger ziet.

Het hele verhaal maakte nogal indruk op me. Ik was geboren en getogen in Amsterdam en de enige leeuw die ík in mijn leven had gezien was in Artis. Een leeuw killen met je blote handen, dat was wel even iets anders. 'Zitten hier eigenlijk veel leeuwen?' vroeg ik aan de Nederlandse SNV'er naast mij. 'Welnee joh, helemaal niet,' had deze geruststellend geantwoord.

Het liep tegen het einde van de middag toen wij koers zetten naar onze eindbestemming: Arusha. Prins Claus en Willem-Alexander zouden de nacht doorbrengen in een safaripark even buiten de stad; de journalisten waren op afstand ondergebracht in een klein maar comfortabel hotel in een beboste buitenwijk. Bij aankomst in ons hotel, tegen de avondschemering, hoorden wij dat één van de SNV-Landrovers nog niet was aangekomen bij het safaripark. We gingen ervan uit dat de auto een lekke band had opgelopen of ergens met pech was gestrand langs de kant van de weg. Maar omdat het vermiste voertuig niet reageerde via de autotelefoon, groeide langzaam enige ongerustheid. In de auto zaten een aantal SNV-medewerkers samen met de Nederlandse echtgenote van één van hen. De koninklijke gasten waren inmiddels veilig in het wildpark gearriveerd.

Plotseling meldden de Tanzaniaanse gastheren dat het in deze streek wemelde van de leeuwen

Binnen een half uur was het buiten aardedonker en maakte lichte ongerustheid langzaam plaats voor stevige bezorgdheid. Het wegennet in Tanzania bestaat voor het grootste gedeelte uit stoffige zandwegen vol kuilen. Bovendien rijden Afrikanen als gekken in doorgaans slecht onderhouden auto's. Het aantal verkeersongevallen is hierdoor schrikbarend hoog. Onze Landrover was in de dagen ervoor bijna een ravijn in gereden, een ander SNV-voertuig had een aanrijding gehad, waarbij gelukkig alleen plaatschade was opgelopen.

Glashelder was dat Tanzania niet de plek was waar je 's nachts met autopech wilt stranden of verdwalen. Daar kwam nog iets heel anders bij. Plotseling meldden de Tanzaniaanse gastheren dat het in deze streek wemelde van de leeuwen.

Onlangs waren zelfs leeuwen gesignaleerd in de omgeving van een schooltje. Dit had tot grote alertheid gezorgd bij de plaatselijke bevolking.

De Nederlandse SNV'er die 's middags bij de Masai nog had gezegd dat er helemaal geen leeuwen waren in dit gebied, floot nu een heel ander deuntje en zat plotseling in zak en as, omdat het zijn vrouw was die in de vermiste Landrover zat. Dit was andere koek.

Gedreven door naastenliefde

Direct werd besloten tot een grootscheepse zoekactie. Tot dusver was de week heel ordelijk en gemoedelijk verlopen, maar nu was er plotseling werk aan de winkel, óók voor de meegereisde journalisten. Gedreven door naastenliefde (en misschien een heel klein beetje door de glorende kans op voorpaginanieuws) sprongen wij in de klaarstaande pers-Landrover en ijlden plankgas de donkere nacht in. Afgesproken was dat wij het stuk weg naar Moshi voor onze rekening zouden nemen, waar wij eerder die dag van tegenovergestelde richting overheen waren gereden. Het ging om een goede asfaltweg. En ondanks de duisternis was er prima zicht door de driekwart volle maan. Al rijdend bedachten wij allerlei rampscenario's.

In het licht van onze koplampen tekende zich een onwaarschijnlijk schouwspel af met honderden zebra's

Wat als de vermiste terreinwagen pech had gekregen en de inzittenden te voet waren verder gegaan voor hulp? Wat als zij verdwaald waren? Zouden zij de tegenwoordigheid van geest hebben gehad om in ieder geval in de auto te blijven? Wij zullen zo een half uurtje hebben gereden toen er iets gebeurde dat geen van ons ooit zal vergeten. In het schijnsel van onze koplampen zagen wij op de weg voor ons plotseling een zebra opdoemen. Nadat we hadden afgeremd en bijna tot stilstand waren gekomen zagen wij er nog één... en toen nog één. Voor onze ogen tekende zich een onwaarschijnlijk schouwspel af. Links én rechts van de weg doken honderden zebra's op, die bezig waren over te steken.

Sommige dieren deden dit op hun dooie akkertje, af en toe de hals strekkend naar wat eetbaars, andere maakten de oversteek juist in een rustig galopje of in sukkeldraf. Van paniek bij de zebrakudde, waarin veel veulens op gekke hoge poten meehuppelden, was geen sprake.

Een aantal zebra's hield midden op de weg een moment stil, nieuwsgierig waar al dat licht vandaan kwam. Zo bleven wij minutenlang ademloos staan tot het laatste dier voorbij was en weer was opgenomen in de duisternis. In verwondering hadden wij toegekeken en genoten van dit krankzinnige surrealistische zebrapad midden in de Afrikaanse natuur.

Het verlossende telefoontje

Veel tijd om te mijmeren was er niet. Wij zaten midden in een reddingsoperatie en de tijd drong. Wel stelde het gerust dat wij zojuist met eigen ogen hadden gezien dat de natuurlijke voedselketen ter plekke meer dan voldoende proviand bevatte om het hongerige leeuwen naar de zin te maken. En net toen wij ons af begonnen te vragen hoelang wij nog door zouden zoeken op de weg naar Moshi, kwam het verlossende telefoontje: de 'vermiste' SNV'ers waren terecht. Zij wa-

■ Prins Claus voor de microfoon van Jeroen Pauw. Willem-Alexander luistert aandachtig terwijl cameraman Gilles Frenken en Kay Mastenbroek het interview vastleggen. *Foto: Rob Knijff*

ren op eigen kracht ver na zonsondergang veilig teruggekeerd in het safaripark.

Doodgemoedereerd hadden zij bij thuiskomst verslag gedaan van hun lotgevallen. Op de terugweg van het bezoek aan de Masai had de Tanzaniaanse chauffeur van de SNV-Landrover voorgesteld om vlak bij het avondkamp ergens naar de zonsondergang te kijken. Die was spectaculair geweest en in het donker hadden de inzittenden nog een beetje na zitten genieten. Terug naar het hotel hadden zij een afslag gemist en even moeten zoeken. Achteraf kon iedereen hartelijk lachen om het voorval en de paniek die vervolgens was uitgebroken. Van iedereen die aan de zoektocht had meegedaan hadden wij natuurlijk het mooiste avontuur beleefd.

In het journalistenhotel was het die avond feest. Er werden Montechristo's rondgedeeld en onder het genot van een biertje en een wijntje werd de dag op passende wijze afgesloten.

Dinsdag 13 juni – Vader en zoon maken de balans op

Wat tijdens deze hele Afrikareis opviel, was de

■ In het plaatselijke SNV-districtskantoor maken prins Willem-Alexander en zijn vader de balans op van hun inspectiereis door Tanzania. *Foto: Vincent Mentzel/NRC*

warme band tussen Willem-Alexander en zijn vader. Als de uitleg van de Afrikaanse gastheren wat te lang duurde, de flapover te veel grafieken en cijfertjes vertoonde, hoefden zij elkaar slechts een korte blik toe te werpen. En toen prins Claus op één van de dagen even weg dreigde te dommelen bij een wat al te langdradige presentatie, was het zijn zoon die hem heel zorgzaam aantikte om dit te voorkomen.

'Vader van...'

Prins Claus stelde zichzelf overal voor als 'vader van' Willem-Alexander. Zelf koos de prins van Oranje tijdens deze reis doelbewust voor een laag profiel. Hij wilde in de schaduw blijven van zijn vader. Deels uit respect voor diens kennis van het vakgebied, maar ook om niet al te gretig over te komen. Nauwgezet luisterde hij naar prins Claus' vragen en de antwoorden die erop volgden. 'Ik ben hier om veel te leren van mijn vader, die weet er zoveel van af.'

Uit alles bleek dat Willem-Alexander zijn reis grondig had voorbereid. Trad prins Claus zijn Afrikaanse gastheren vooral hoffelijk en ad rem tegemoet, Willem-Alexander was wat directer in zijn benadering van de diverse vraagstukken, iets zakelijker.

Prins Claus maakt van zijn hart geen moordkuil

Tijd om op deze laatste gezamenlijke reisdag de balans op te maken van acht dagen Tanzania. In het SNV-districtskantoortje in Bumbuli maakte prins Claus van zijn hart geen moordkuil. Het bezoek aan het land van zijn jeugd was er één van heimwee én teleurstelling tegelijk geworden. Ontbossing, bestuurlijke incompetentie op alle niveaus. Het maakte hem woedend. Prins Claus: 'We zijn hier al dertig jaar bezig. Maar het is niet iets dat je van buitenaf kunt doen. Aan de ene kant steun je mensen, maar tegelijkertijd maak je ze nog afhankelijker. Wij moeten beseffen dat het hún land is en dat zij het moeten doen. Als de Afrikanen het niet zelf oppikken, dan werkt het niet. Wij kunnen het niet voor ze doen. De term ontwikkelingssamenwerking is een eufemisme. Een woord dat de lading niet dekt, omdat sprake is van twee zo ongelijke partners.'

Tegelijkertijd roemde de prins tijdens zijn bezoek in 1995 de 'fantastische toewijding' van de Tanzaniaanse SNV'ers en toonde hij zich enthousiast over de nieuwe pragmatische aanpak van de Nederlandse ontwikkelingsorganisatie, waarbij zoveel mogelijk Tanzanianen worden ingeschakeld bij de analyse van de eigen problemen en de keuzes voor oplossingen.

Prins Willem-Alexander: 'Voor mij was het belangrijk om met eigen ogen te zien hoeveel mensen je met dit soort projecten bereikt. De aanpak van SNV om voortdurend in de gaten te houden of een project rendeert, spreekt mij aan. De besteding van Nederlandse ontwikkelingsgelden is de laatste jaren meer en meer onder druk komen te staan door publiciteit en groeiende communicatiemogelijkheden. Als in de publieke opinie de indruk zou ontstaan dat geld over de balk wordt gesmeten, zou dat natuurlijk niet goed zijn. Maar daarvan zijn alle ngo's en ontwikkelingsorganisaties zoals SNV zich goed bewust.'

Willem-Alexander vertelde het gevoel te hebben dat alle stukjes van de puzzel bij hem op hun plek waren gevallen, nu hij samen met zijn vader de plaatsen had bezocht die een belangrijke rol hadden gespeeld in prins Claus' jeugd. 'Door al zijn verhalen wist ik al veel over het land. Ik begin nu ook van binnenuit gek te worden op Oost-Afrika. Ik vind het heerlijk om hier te komen. Het spontane van de mensen spreekt mij enorm aan. Ook de ruimte en de rust. Dat is iets waar ik soms aan denk als ik in Europa ben en het daar weleens wat vol lijkt te worden. Dan ben ik vaak in gedachten hier.'

Prins Claus: 'De zon zien ondergaan boven Kilimanjaro, dat is het mooiste dat er bestaat...'

In het televisieportret dat reisgenoot Jeroen Pauw in 1995 van deze bijzondere reis door Tanzania maakte, verwoordde prins Claus zijn liefde voor dit continent nog het mooist. Uitkijkend over de Masai-vlakte even buiten Arusha, zei hij destijds peinzend voor de RTL-camera: 'De zon zien ondergaan boven Kilimanjaro, dat is het mooiste dat er bestaat...'

ATLANTIC COLLEGE

'Dooie' everzwijnen op een 'AA-dieplader'

De Oranjes en de jacht

Willem-Alexander is een jager, zoals bijna alle Oranjes in de mannelijke lijn fervente jagers waren. Willem-Alexander zet deze traditie met overtuiging voort. Protesten van de dierenlobby en criticasters die zich openlijk afvragen of het afschieten van zwijntjes 'voor je plezier' überhaupt nog wel van deze tijd is? Onze koning heeft er weinig mee op, maar zal in zijn achterhoofd toch rekening moeten houden met de beeldvorming.

Feit is dat het jagen Willem-Alexander in z'n DNA zit. Samen met zijn broers groeide hij op met de jaarlijkse jachtpartijen die grootvader Bernhard en daarna zijn moeder Beatrix organiseerden in de Kroondomeinen rond Hoog Soeren. Een traditie die van generatie op generatie werd doorgegeven.

Van oudsher was de jacht het privilege van de landadel. De heer kon op zijn eigen grondgebied naar hartenlust jagen. Het leverde hem niet alleen een rijk gevulde tafel op. De jacht had in de Middeleeuwen nog een heel andere belangrijke functie. Om te kunnen jagen moest je een goed ruiter en schutter zijn. Cruciale eigenschappen voor een heer die ten strijde trok. De jacht leverde derhalve niet alleen wildbraad en ontspanning op, maar gold tevens als ideale leer- en oefenschool voor het krijgsbedrijf.

Later kreeg de jacht een meer representatieve functie. Tijdens het jagen werden diplomatieke plooien gladgestreken en huwelijkskandidaten aan elkaar voorgesteld. Gastenlijsten werden langer en steeds zorgvuldiger samengesteld. Dit tijdverdrijf groeide uit tot een carrousel van vorstelijke netwerkers. Na een jachtfestijn van de Oranjes op de Veluwe volgden direct tegenuitnodigingen uit bijvoorbeeld Spanje, Groot-Brittannië en de Duitse vorstendommetjes.

Bernhard heeft het jagen nooit afgezworen

Prins Bernhard maakte tot op het laatst van zijn leven deel uit van dit circuit. Hij was een verstokt jager en schoot in zijn jongere jaren in Tanzania en andere delen van de wereld op alles wat los en vast zat: olifanten, neushoorns, leeuwen, tijgers. Hij deed dit met zijn zware .416 Rigby Magnum-geweer. Bernhard was op zijn beurt ook weer erfelijk belast. Zijn ouderlijk huis in Reckenwalde stond vol met jachttrofeeën van zijn vader, waaronder een opvallend bijzettafeltje dat was gemaakt van de huid en vier poten van een neushoorn. Toen Bernhard op zijn 84ste een pacemaker nodig had, verzocht hij zijn specialisten om dit apparaatje niet te implanteren aan de rechterkant onder zijn sleutelbeen, wat gebruikelijk is, maar aan de linkerkant, zodat hij geen last had van de terugslag van zijn geweer. Een teken dat hij het jagen en het sociale gebeuren eromheen nooit had afgezworen.

Ook prins Claus groeide op met de tradities van de jacht. Hoewel hij zelf geen gepassioneerd schutter was, ontbrak Claus zelden bij de door Beatrix georganiseerde jaarlijkse jachtpartijen op de Veluwe. Gezellig een sigaartje paffend met koning Juan Carlos van Spanje of causerend met graaf Caspar von Oeynhausen, één van zijn adellijke Duitse vrienden.

De grootvader van prins Claus 'zoop, jaagde en pokerde als een jonker'

Van Claus' grootvader Wilhelm von Amsberg werd ooit gekscherend beweerd dat deze 'zoop, jaagde en pokerde als een jonker' en om díe reden dan ook maar als jonkheer moest worden opgenomen in de adellijke elite van die tijd. En zo geschiedde.

Kortom, Willem-Alexander kan zich wat betreft zijn hartstocht voor de jacht verstoppen achter een eeuwenoude familietraditie. Een traditie die fraai is beschreven door Louise van Everdingen in haar boek *Het Loo: de Oranjes en de jacht* (Joh. Enschedé, Haarlem 1984). Dit werk staat bol van anekdotes over de jachtpassie van generaties Oranjes.

Zo importeerde Willem de Zwijger in 1559 al een aantal speciaal afgerichte Franse jachthonden om in Breda op patrijzen en kwartels te jagen, een techniek die destijds alleen nog in de Franse Dauphiné en de Provence bekend was.

Ook de beide zoons van Willem van Oranje, de prinsen Maurits en Frederik Hendrik, waren fervente jagers. Beiden beleefden veel genoegen aan het jagen met speciaal getrainde geervalken, waarmee ondermeer op reigers werd gejaagd. Een lekkernij in die dagen.

Edelherten in Kroondomein Het Loo; voor koningin Wilhelmina 'de dierbaarste plek op aarde'. *Foto: H.J. de Groot*

Koning-Stadhouder Willem III wordt gezien als de man die verreweg de grootste impuls heeft gegeven aan de Nederlandse jacht. Hij gold als een uitstekend jager en onder zijn bewind namen de jachtgezelschappen die hij uitnodigde in omvang en qua frequentie steeds verder toe. Om dit vorstelijke gezelschap een gepast onderkomen te bieden, bouwde Willem III in 1674 een 'jachtslot' in Soestdijk, het latere Paleis Soestdijk en in 1684 Paleis Het Loo in Apeldoorn.

Op 28 september 1680 deed Constantijn Huygens, de secretaris van Willem III, bloemrijk verslag van een 'klopjacht' waaraan de Nederlandse koning deelnam in Duitsland. Huygens verhaalde hoe Willem III voor het eerst kennismaakte met deze nieuwe Duitse jachtmethode, de drijfjacht, waarbij een aantal boeren met hun vrouwen en dochters het bos werd ingestuurd om door middel van luid geschreeuw en veel spektakel het wild op te schrikken.

Het ging er soms woest aan toe

Wanneer het wild tevoorschijn kwam, werden de hazewindhonden losgelaten. De jagers wachtten met het geweer. Huygens noteerde hoe de honden na een snelle achtervolging twee hazen vingen in de hei. De koning doodde die dag zelf een vos en een wilde kat.

Het ging er soms woest aan toe, schreef Huygens. Zo werd graaf Nassau-Ouwerkerk met paard en

De stijlkamer in 'jachtchalet' Het Aardhuis. Nog bijna onaangetast. Hoewel Het Aardhuis bij Hoog Soeren al langer dan twintig jaar museum is, wordt het tijdens het jachtseizoen nog altijd door de Oranjes gebruikt.

al omvergeworpen door een edelhert, dat hem verwondde aan de schouder. Graaf Reuss ontsnapte ternauwernood aan een wisse dood nadat een wild zwijn dat hij met een jachtspies in een oog had gestoken, zich woedend op de graaf stortte.

Voor Wilhelmina was het Kroondomein 'de dierbaarste plek op aarde'

Koningin Wilhelmina was door middel van grondaankopen in 1901 en 1914 verantwoordelijk voor de aaneensluiting van grote delen van de Veluwe tot het grootste natuur- en privéjachtgebied in ons land: Kroondomein Het Loo. Een gebied van 6750 hectare bos- en heidegrond dat zich uitstrekte tussen Apeldoorn, Vaassen, Gortel, Elspeet en de Rijksweg A1. Prins Hendrik zou een groot stempel drukken op de ontwikkeling en uitbreiding van het Kroondomein.

Monogram van Wilhelmina gegraveerd in een oude beuk, op de plek waar zij graag schilderde.

In haar boek *Eenzaam maar niet alleen* schrijft Wilhelmina in lyrische bewoordingen over deze 'onmetelijke boswereld', die zij 'de dierbaarste plek op aarde' noemt. Lange tijd woonde zij met haar man op Paleis Het Loo en in het naastgelegen kleine jachtslot, Kasteel Het Oude Loo.

In dezelfde memoires schrijft Wilhelmina ook het één en ander over Hendriks passie voor de jacht. 'Hij was van jongs af aan een echte buitenman. Als jongen schoot hij futen en zaagbekeenden op het meer. In het najaar na zijn bevestiging mocht hij zijn eerste hert schieten. Hierop zijn er vele gevolgd. Groot was zijn liefde voor het bos en wat hield hij veel van de herten die daarin leefden en van de reeën die zich in het veld ophouden. Hij was zeker geen jager omdat hij zo graag schoot. De grote vreugde voor zijn jagershart was het om lang in het bos bij de herten te vertoeven en hun leven en gewoonten gade te slaan.'
Toen Hendrik naar Nederland verhuisde nam hij al zijn jachttrofeeën mee uit Duitsland, inclusief alle 'olifantsnuiten', die hij van zijn jachtreizen uit het oosten had meegebracht. Volgens Wilhelmina maakten al deze trofeeën Hendriks nieuwe werkkamer in Nederland 'heel bijzonder en gezellig'.

Zelf had Wilhelmina niet veel op met het jagersbestaan. 'Af en toe nodigde Hendrik jachtgasten uit. Dan beperkte mijn rol zich meestal tot die van gastvrouw bij de diners. Deze hadden steeds een eigen sfeer; vermakelijk waren daarbij de "sterke" jachtverhalen, die men te horen kreeg. Soms maakte ik bij drijfjachten op klein wild deze voor korte tijd op zijn post mee. Nooit heb ik evenwel een schot afgegeven. Zelfs niet op de schijf!' En de enkele keer dat zij met Hendrik wel meeging op grofwildjacht, bleef Wilhelmina naar eigen zeggen 'op afstand op de wagen zitten' wanneer Hendrik een hert schoot.

Wilhelmina bedong dat het Jachtrecht voor eeuwig in handen blijft van de Oranjes

Ook van Wilhelmina's dochter Juliana, met haar pacifistische levensinstelling, is nauwelijks voorstelbaar dat zij ooit een geweer heeft vastgehou-

Vrijdag 14 december 1984. De traditionele lunch van de Oranjes in het 'jachtchalet' is zojuist geëindigd. De Europese adellijke elite keert na 'het noenmaal' terug naar hun posities in het bos voor de voortzetting van de wildezwijnenjacht. Links op de foto koningin Sofia van Spanje in gesprek met gastvrouw koningin Beatrix (van wie alleen het haar zichtbaar is). Rechts prins Willem-Alexander, destijds 17 jaar, en zijn vader prins Claus, die van een sigaartje geniet.

den, laat staan een schot afgevuurd. In 1959 schonk Wilhelmina haar hele grondgebied op de Veluwe aan de Staat der Nederlanden. Hierbij bedong zij dat zowel de opbrengsten van de koninklijke Houtvesterij (bosbouw) als het aloude Jachtrecht in handen blijft van de koninklijke familie. Er is zelfs een bepaling in deze schenkingsakte opgenomen, dat mocht ons land het koningschap ooit afzweren, de Staat der Nederlanden in dat geval wettelijk verplicht is het gehele Kroondomein terug te geven aan de Oranjes.

Uit bovenstaande blijkt dat de Oranjes zich in feite dus niets hoeven aan te trekken van de periodieke discussies over de koninklijke jacht. Toch ontkwam koningin Beatrix er niet aan om in 2001 onder druk van de publieke opinie af te stappen van de gebruikelijke drijfjacht op wilde zwijnen. Voor edelherten was deze jachtmethode al langer verboden. De drijfjacht werd in 2001 daarom vervangen door de drukjacht, een iets mildere vorm waarbij het wild met minder drijvers wat minder luidruchtig uit zijn schuilplaats wordt verdreven alvorens te worden afgeschoten.

'Meester-schutter'

Tegenstanders van deze beide jachtvormen wijzen erop dat je welhaast een 'meester-schutter' moet zijn om een zwijn in volle ren over een bospad te raken, laat staan dodelijk. In die paar seconden kan een jager eigenlijk niet selecteren op geslacht, leeftijd en conditie en neemt hierbij willens en wetens het risico een zwijn alleen maar aan te schieten en te verwonden.

Voor de 'plezierjager' is de drijf-/drukjacht echter veel spannender dan het alternatief: het afschieten van vooraf geselecteerde dieren vanaf een hoogzit, met één welgemikt schot, bijvoorbeeld bij voer- of drinkplaatsen. Een meer humane en trefzekere methode die doorgaans door beroepsjagers wordt toegepast, maar die veel minder tot de verbeelding spreekt en nauwelijks sappige verhalen oplevert bij het kampvuur.

De Amerikaanse journalist en schrijver Alden Hatch gaf in zijn geautoriseerde biografie *Prins Bernhard* (H.J.W. Becht, Amsterdam 1962) een aardig doorkijkje in dit tijdverdrijf van de Oranjes.

'Het vergt heel wat schotvaardigheid en zelfbeheersing om een dier van meer dan 100 kilo – op topsnelheid – neer te leggen'

'Twee- of driemaal per jaar,' schrijft Hatch, 'houdt Bernhard in de bossen van Het Loo een grote drijfjacht in echt koninklijke stijl. De gasten komen al voor zonsopgang bijeen voor een stevig ontbijt. Er wordt overleg gepleegd over de plaatsen waar het wild zich vermoedelijk zal bevinden. Dan begeeft het jachtgezelschap zich in auto's naar de bossen, waar jagers in uniform gereed staan en een hoornsignaal blazen. Alle gasten begeven zich naar de hun aangewezen plaatsen, want ook in dit geval wordt het wild: wilde zwijnen, roodwild, damherten en reeën opgedreven.'

'Dertig drijvers, uitgerust met lange jachtsperen om zichzelf te kunnen verdedigen tegen de soms gevaarlijke wilde zwijnen, en een grote meute jachthonden verdwijnen tussen de oude hoge bomen. Het moment waarop het eerste wilde zwijn langs de jagers rent en het eerste schot valt, bete-

LUISTERAARS GESCHOKT NA UITLATINGEN IN RADIOPROGRAMMA

Van Gogh wil kroonprins „vol lood pompen"

JACHT ZIT ORANJES IN HET BLOED

Omstreden passie al meer dan vier eeuwen koninklijke traditie

Ook vossenjacht in Engeland onder zware kritiek

door ROB KNUFF

APELDOORN, zaterdag
Dagenlang stond de fax van prins Willem-Alexander op paleis Noordeinde roodgloeiend. Ruim 7.000 Nederlanders bestookten het secretariaat van de Prins de afgelopen weken met het verzoek of deze zich in de toekomst wil onthouden van deelname aan drijfjachten en ander jachtvermaak. De Prins was wel zo sportief om zijn faxapparaat regelmatig te voorzien van een nieuwe rol faxpapier, zodat de duizenden protesten vrijelijk hun weg vonden.

■ Een deel van de jachtbuit, een tableau wilde zwijnen op een dieplader.

■ *De Telegraaf* besteedde uitgebreide aandacht aan voor- en tegenstanders van de koninklijke jachtpartij, waaraan werd deelgenomen door de Spaanse koning Juan Carlos en zijn echtgenote Sofia, leden van de Duitse aristocratie, onder wie Caspar graaf von Oeynhausen-Sierstorpff, en huisvriend Martin Schröder en uiteraard prins Bernhard. Op de dieplader ligt een deel van de jachtbuit.

kent altijd weer een enorme sensatie. Het vergt heel wat schotvaardigheid en zelfbeheersing om een dier van meer dan 100 kilo, dat op topsnelheid naar de struiken rent, neer te leggen. Bernhard schiet goed, al is hij bijziend, wat altijd een handicap is.'

Rustieke lunch

Volgens Hatch was het in die tijd gebruikelijk om op verschillende plaatsen in de bossen meerdere drijfjachten tegelijkertijd te houden. Tussendoor werd steevast gepauzeerd voor een uitgebreide 'rustieke' lunch in koninklijk jachtchalet Het Aardhuis bij Hoog Soeren. En zodra het laatste melancholieke hoornsignaal had geklonken ten teken dat de jacht was afgelopen, kwamen alle jagers in de vallende schemering bijeen voor Paleis Het Loo, waar het wild in rijen op het gras werd uitgestald om te worden bekeken. Waarna bij het licht van grote vuren de sterke verhalen van die dag op gang kwamen.

Bernhard bleef tot op het laatst van zijn leven van de partij. Zijn particulier chauffeur Hans Bolten reed de oude prins dan in zijn AA-Mercedes het Kroondomein in, met de ruit van het achterportier een stukje naar beneden, zodat zijn baas met het geweer op schoot de loop van zijn wapen een klein stukje naar buiten kon steken.

Ruim 7000 boze faxen ontving prins Willem-Alexander in januari 1996, na een oproep van de Stichting Kritisch Faunabeheer, of hij maar even snel wilde stoppen met zijn deelname aan de

Jachtchalet Het Aardhuis.

jaarlijkse jachtpartijen. De toen bijna 29-jarige Prins van Oranje was wel zo sportief om het faxapparaat op zijn secretariaat aan het Haagse Noordeinde voortdurend van nieuwe faxrollen te voorzien, zodat de papierstroom uiteindelijk zijn weg kon vinden. Maar het jagen opgeven: hij peinsde er niet over.

Een zeer gemêleerd gezelschap

Hans en ik hebben een aantal keren een kijkje genomen bij zo'n koninklijke jachtpartij op de Veluwe. Het leverde interessante plaatjes op van een zeer gemêleerd gezelschap. Zomaar een greep uit de gastenlijst door de jaren heen: koning Juan Carlos van Spanje en zijn vrouw, koningin Sofia, de in 2009 overleden Duitse graaf Caspar von Oeynhausen-Sierstorpff, de man die prinses Beatrix in 1962 voorstelde aan Claus von Amsberg, luchtvaartpionier Martin Schröder was veelvuldig van de partij, maar ook Walter en Irma Moosbrugger, grondleggers van het Oostenrijkse Hotel Post in Lech, waar de Oranjes sinds mensenheugenis hun wintersportvakantie doorbrengen. In het hotel hangen nog steeds de geweien van de edelherten die zij lang geleden op Het Loo hebben geschoten. Echt welkom waren Hans en ik natuurlijk niet bij dit jaarlijkse 'invitation only' feestje van de Oranjes. En lang duurde het nooit of er sprongen van alle kanten ontstelde boswachters, jachtopzieners, adjudanten en andere jagers op groot journalistiek wild tevoorschijn om het gevaar in de kiem te smoren. Maar meestal was het kwaad dan al geschied.

De Echoput

Overigens zijn er ook mensen die zich tevreden in de handen wrijven over de jaarlijkse jachtbuit uit het Kroondomein. Zoals vaste afnemer Hanos, de Apeldoornse horecagroothandel: dé leverancier van wildspecialiteiten aan naburige sterrenrestaurants De Echoput in Apeldoorn en De Leest in Vaassen en ver daarbuiten.

Adjudant van de koningin, luitenant-kolonel van de Koninklijke Luchtmacht, L.J.B.M. Jespers, verzoekt journalist Knijff zich uit het Kroondomein te verwijderen. Gedurende het jachtseizoen zijn de bossen rondom Het Loo voor het publiek gesloten.

Noodlanding in de Himalaya

Op bezoek bij de 'verknipte' kroonprins van Nepal

Van 10–25 januari 1997 bracht prins Willem-Alexander een werkbezoek aan West-Australië en aansluitend een officieel bezoek aan het Himalaya-koninkrijk Nepal.

Dit laatste gebeurde op verzoek van de Nepalese 'collega-kroonprins', Dipendra Bir Bikram Shah Dev. Willem-Alexander en Dipendra waren elkaar tegen het lijf gelopen tijdens de Olympische Zomerspelen van 1996 in Atlanta. Rondom dit sportevenement hadden de twee het zo goed met elkaar kunnen vinden, dat van het één het ander was gekomen en Dipendra – nog voordat de Olympische vlam was gedoofd – Willem-Alexander had uitgenodigd voor een officieel bezoek van zeven dagen aan Nepal. De toen 29-jarige Prins van Oranje en zijn vier jaar jongere Nepalese collega hadden veel gemeenschappelijke interesses. Beiden hadden prestigieuze Britse kostscholen bezocht: Alexander het Atlantic College in Wales en Dipendra het zo mogelijk nog chiquere Eton in Windsor, even buiten Londen.

Verder deelden zij een innige passie voor de luchtvaart en meer in het bijzonder de onbeperkte bewegingsvrijheid die een vliegbrevet de jonge royals verschafte. Dipendra was helikopterpiloot. Ook op het vriendinnenvlak hadden de twee de nodige praatstof. Terwijl Alexander er in die dagen alles aan deed om zijn relatie met de charmante – maar niet aristocratische – Emily Bremers buiten de publiciteit te houden, had Dipendra een al even problematische 'verboden liefde', met de ravissante Nepalese Devyani Rana, die om politiek-historische redenen niet door de beugel kon bij de ouders van de Nepalese kroonprins, koning Birendra en koningin Aishwarya. Last but not least liepen beiden zich warm voor het toekomstige koningschap. Willem-Alexander en Dipendra hadden dus genoeg te bespreken rond de Zomerspelen van 1996 in de Verenigde Staten.

Kroonprins Dipendra voorspelde dat zijn collega Willem-Alexander een 'goede koning' zou worden. 'Ik ken hem al sinds de Olympische Spelen in Atlanta. Hij gaat rustig zijn gang, stap voor stap, welbewust.' *Foto: Corbis/ Hollandse Hoogte*

De vriendelijke invitatie Nepal te bezoeken plakte prins Willem-Alexander vast aan een al eerder gepland werkbezoek aan Australië dat in januari 1997 zou plaatsvinden.

De meest bizarre trip ooit

Vooral het bezoek aan Nepal zou één van de meest bizarre trips worden die ik ooit met prins Willem-Alexander zou maken. Al was het alleen maar vanwege het historische feit dat op 1 juni 2001, vierenhalf jaar na Willem-Alexanders bezoek aan het Himalaya-koninkrijk, diezelfde aimabele en gemakkelijk benaderbare kroonprins Dipendra in een vlaag van waanzin zijn hele familie zou uitmoorden met een kalasjnikov (negen personen, inclusief zijn ouders: de koning en koningin). Na zijn lugubere daad sloeg hij de hand aan zichzelf. Het zou het einde betekenen van de Nepalese monarchie.

Volgens de officiële lezing had de destijds 30-jarige Dipendra het niet kunnen verkroppen dat hij geen permissie kreeg om met zijn grote liefde – de eerder genoemde Devyani Rana – te trouwen. Na een uit de hand gelopen woordenwisseling hierover tijdens het avondmaal in het Narayanhiti-paleis in Kathmandu, zou Dipendra die bewuste avond boos van tafel zijn gelopen, zich op zijn kamer hebben omgekleed in militair uniform en vervolgens zijn beide ouders hebben doodgeschoten. Daarna doodde hij zijn jongere broer en zusje, twee tantes, een oom en een nicht alvorens zichzelf het leven te benemen.

Voor Willem-Alexander was het Nepalese koningsdrama vanzelfsprekend des te schokkender omdat hij Dipendra en zijn naaste familie in de jaren ervoor goed had leren kennen. Hij had gelogeerd in het paleis waarbinnen zich dit absurde drama afspeelde. En hij had met alle latere slacht-

■ Toen het nog lachen geblazen was met de twee vrienden. Prins Dipendra op de stoel van de voorzitter van de Tweede Kamer, tijdens het tegenbezoek dat hij prins Willem-Alexander bracht in 1998. *Foto: ANP*

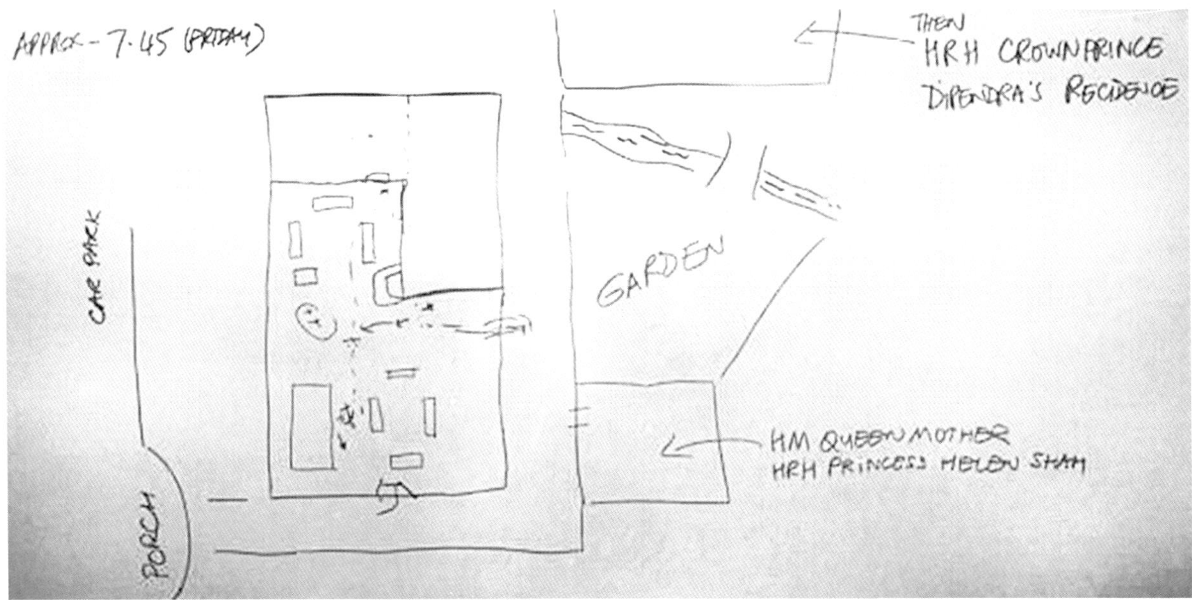

■ Het kaartje laat de route zien die Dipendra vanuit de eetzaal in het paleis nam naar zijn aangrenzende privévertrekken, waar hij zich omkleedde, een wapen pakte en vervolgens terugliep om zijn wanhoopsdaad te verrichten.

offers van dit bloedbad aan dezelfde dinertafel gezeten: toen nog vrolijke anekdotes uitwisselend en toostend op een toekomst vol voorspoed. Het betekende een volkomen onverwacht en abrupt einde van een gedenkwaardige vriendschap. Over de ware toedracht en de motieven bestaan allerlei complottheorieën en speculaties. Aan het einde van dit hoofdstuk komen we hier kort op terug. Maar nu eerst een sprongetje terug in de tijd.

Diplomatieke acrobatiek en de geur van kretek

Op woensdag 8 januari 1997 begon het bezoek aan Australië en Nepal, een nieuw avontuur in het kielzog van de prins. Het zou een reis worden met de nodige hobbels, surprises en spanning.
De KLM-lijnvlucht van Amsterdam naar Perth kende een tussenstop van één nacht in Jakarta, Indonesië. Willem-Alexander zat dit keer niet in hetzelfde toestel. Net als bij eerdere reizen naar Zuid-Afrika (Mandela) en Tanzania meldden zich opnieuw geen journalisten van concurrerende kranten om de hele reis van de prins te verslaan. Wel zou een bescheiden persdelegatie aanhaken in Nepal voor het tweede gedeelte van de trip. Dit betekende dat ik in Australië het rijk weer voor mijzelf had. Helemaal onbegrijpelijk was deze keuze van de collega's niet. De totale reis zou ruim tweeënhalve week beslaan en dus nogal in de papieren gaan lopen. Voor de grootste krant van Nederland, die in die tijd een recordoplage draaide van ruim 800.000 kranten per dag, speelden dergelijke financiële overwegingen geen enkele rol. En dus waren wij weer vrolijk van de partij.

Vervelende verrassing

Op het eiland Java was de avond net gevallen toen de KLM-Jumbo 747 zijn neuswiel tegen de grond drukte op Soekarno-Hatta International Airport en de aangename zoete geur van kreteksigaretten (Gudang Garam) de reiziger tegemoet walmde. Eenmaal in de rij voor het douaneloket wachtte een vervelende verrassing. De Indonesische 'imigrasi'-officier bemerkte dat mijn paspoort weliswaar nog twee maanden geldig was, maar niet de zes maanden die Indonesië eiste. Een serieus probleem dat enige diplomatieke acrobatiek zou vergen. Ik vroeg de douaneman of er iets viel te bedenken om dit 'misverstand' uit de wereld te helpen. Dat was er: een visum voor één dag. Precies genoeg om de volgende dag volgens plan door te kunnen reizen naar Australië.

'How much do you want to pay for that?' vroeg de imigrasi-ambtenaar met een vriendelijke glimlach. Ik kende Indonesië van eerdere reizen en zei dat ik daar wel 50 dollar voor over had. 'How about one hundred?' probeerde 'Mister Imigrasi'. Ik knikte dat het oké was. De man verdween met mijn paspoort. Toen hij minuten later terugkwam was de glimlach verdwenen. De zojuist gesloten 'deal' kon plotseling – om redenen die hij niet nader wenste toe te lichten – niet doorgaan. In plaats hiervan sommeerden de Indonesiërs mij om met hetzelfde KLM-toestel waarmee ik net was aangekomen, weer terug te keren naar Nederland om een geldig reisdocument te regelen. Retourtje afzender! De KLM-jumbo zou binnen twee uur vertrekken. Uiteraard was er geen haar op mijn hoofd die hierover peinsde.

De hoogste tijd voor plan B. Ik vertelde de Indonesiërs over mijn 'koninklijke missie' en waarom ik koste wat het kost de volgende dag in Australië moest zijn. Mijn 'imigrasi-vriend' bleek echter totaal ongevoelig voor opschepperij van deze soort. En voordat ik er erg in had hoorde ik hem in zijn krakende portofoon roepen: 'Let's take the Dutch journalist into custody.' Wat had ik nou aan mijn fiets hangen: ik werd gearresteerd! Stel je voor: de hele missie was nog niet eens begonnen en ik dreigde binnen een etmaal alweer terug te zijn op Schiphol. En niet met een verhaal waarop een hoofdredacteur echt zit te wachten: een verlopen paspoort.

Nieuw paspoort

Door twee douanemensen werd ik overgedragen aan vertegenwoordigers van de Indonesische luchtvaartmaatschappij Garuda, die opdracht kregen mijn terugvlucht te regelen. De Garuda-employé die hiervoor moest zorgen heette Julius. Hij sprak goed Engels en was een zachtaardige Indonesiër. Tot mijn verbazing ging Julius mij voor naar de VIP-ruimte van Garuda, waar ik tijdelijk gastvrijheid kreeg. Alle drankjes en andere lekkernijen waren 'courtesy' van Garuda Airlines, maar er stond tegenover dat ik de ruimte niet mocht verlaten. Het was tenminste een first class arrestatie. Onze meegebrachte satelliettelefoon, in die dagen het nieuwste elektronische snufje, bewees direct goede diensten. Onder het genot van een biertje (Bir Bintang) nam ik vanuit de gerieflijke VIP-lounge contact op met het ministerie van Buitenlandse Zaken in Den Haag en legde mijn precaire situatie uit.

In recordtijd stuurde BuZa een fax aan de Indonesische immigratiedienst met het verzoek mij niet uit te wijzen en werd de Nederlandse ambassade geïnstrueerd mij een 'vers' paspoort te bezorgen. Dankzij de satellietverbinding was alles binnen een paar uur geregeld en werd ik de trotse bezitter van een splinternieuw in Jakarta uitgegeven paspoort, met het grappige nummer

ZOO250650. Dat klonk als een ticket voor de dierentuin.

Hoezo Smeergeld?

Wat bleek achteraf het grote struikelblok te zijn geweest voor de Indonesiërs? Nadat ik 100 dollar had geboden voor een eendaags verblijfsdocument, smeergeld dat natuurlijk bestemd was voor de binnenzak van een paar douanebeambten, hadden ze bij Imigrasi nog eens goed door mijn bijna verlopen paspoort gebladerd. Dat stond bol van de gratis visa verstrekt door landen die ik als journalist in de afgelopen jaren had bezocht.

Er zat een uitnodiging tussen van de Zuid-Afrikaanse regering voor de inhuldiging van Nelson Mandela, een speciaal visum afgegeven door de Colombiaanse regering, maar ook een reeks visa voor verschillende staatsbezoeken die koningin Beatrix had afgelegd. En één van die visa was afkomstig van de Indonesische regering van Suharto, uitgegeven ter gelegenheid van het staatsbezoek dat koningin Beatrix en prins Claus in 1995 brachten aan Indonesië.

De imigrasi-mannen waren zich rotgeschrokken. Koningin Beatrix – Journalist – Staatsbezoek – Visum Indonesische regering – 100 dollar smeergeld? Die optelsom was snel gemaakt. Alles moest plotseling heel officieel en volgens het boekje worden afgehandeld. Smeergeld aannemen? Ik mocht van geluk spreken dat ik niet was opgepakt voor poging tot omkoping!

Vrijdag 10 januari 1997 – Perth, Australië

Het was ruim 30 graden en zomer in Perth. Een schitterende dag om te acclimatiseren en bij te komen van de lange reis met hindernissen. De witte zandstranden van Scarborough even buiten Perth, behoren tot de mooiste in West-Australië. Een paradijs voor surfers en vakantiegangers. Willem-Alexander zou pas aan het eind van de middag aankomen. Dus technisch gezien was mijn weekeind begonnen en was het de hoogste tijd voor een koele duik in de Indische Oceaan.

De namiddag en avond besteedde ik aan de verkenning van het stadscentrum van Perth. Het was precies 300 jaar geleden dat de Nederlandse ontdekkingsreiziger Willem de Vlamingh de westkust van Australië had ontdekt met zijn schip De Geelvinck. Een historisch feit dat groots zou worden gevierd in aanwezigheid van prins Willem-Alexander. In het straatbeeld van Perth nam ik gefascineerd de eerste aboriginals in mij op die ik ooit in levenden lijve zag. Markante koppen, waarvan eeuwenlang aangedaan leed en sociale achterstelling afdropen.

'Ja, je ziet: ik weet alles!' lachte de prins

Flanerend langs de oevers van Swan River, met zijn zwarte zwanen, streek ik rond cocktailuur neer in Coco's Seafood Restaurant, dat een prachtig uitzicht biedt op de skyline van Perth. Binnen in Coco's wachtte een verrassing. Op weg naar de bar voor een koel glas chardonnay, liep ik totaal onverwacht prins Willem-Alexander tegen het lijf. De prins was net gearriveerd en zoals gebruikelijk in gezelschap van zijn particulier secretaris Jaap Leeuwenburg.

Met uitgestoken hand stapte de prins lachend op me toe. 'Zo, ik zie dat ze je weer hebben losgelaten in Indonesië. Ja, je ziet: ik weet alles!' Het was de typische Alexander-manier om zó met de deur in huis te vallen. Hoe wist hij überhaupt van dit voorval? De prins stond erop het hele verhaal in geuren en kleuren nog eens te horen. Over mijn onhandige omkooppoging, de forse vertraging die de KLM-piloot en 300 passagiers hadden opgelopen, nadat ik had geweigerd in te stappen voor de terugvlucht, tot en met het nieuwe paspoort dat ik uiteindelijk via de satelliettelefoon had weten te scoren. Hij lag in een deuk toen ik met zwaar Indonesisch accent mijn arrestatie nog eens nabootste: 'Let's take the journalist into custody.'

'Ja, dat was jammer,' pookte de prins het vuurtje op, 'ze hadden je eigenlijk wat langer moeten vasthouden.' De toon voor de komende tweeënhalve week was gezet! Australië zou te midden van de Nederlandse emigranten en hun nazaten een 'thuiswedstrijd' worden voor de Oranjetelg.

Een soort Koninginnedag in Burswood Park

Duizenden Nederlandse emigranten, die vlak na de Tweede Wereldoorlog in Australië een nieuw leven waren begonnen, stroomden in Burswood Park samen om een glimp van de Nederlandse kroonprins op te vangen. Door de zon verweerde mannen posteerden zich wijdbeens voor de gast uit Holland om hem de hand te schudden.

De één had onder koningin Wilhelmina gediend bij de marine, een ander had bij het uitbreken van de Tweede Wereldoorlog nog geholpen bij de evacuatie van de koninklijke familie naar Canada. Voor hen was de ontmoeting een persoonlijk moment van glorie. Een oud-stoottroeper, die al zo lang weg was dat hij bijna geen Nederlands meer sprak, vroeg de prins vooral de groeten te doen aan zijn grootvader prins Bernhard. 'Hij is nog steeds onze beschermheer, zoals u weet.'

Willem-Alexander liep als een popster langs de kraampjes met bitterballen en Nederlandse schilderijtjes

En Willem-Alexander? Hij liep als een popster langs de kraampjes met bitterballen en Nederlandse schilderijtjes., links en rechts een praatje makend met Nederlandse omaatjes in Volendams kostuum en hun kleinkinderen die al geen woord Nederlands meer spraken. Het was net Koninginnedag Down Under. Een oefenwedstrijd ver van huis voor de koning-in-opleiding.

En zo trokken wij relaxed van het ene programmaonderdeel naar het volgende. Omdat er geen andere Nederlandse journalisten waren meegereisd naar Australië, werden Dalhuijsen en ik bij de langere verplaatsingen logistiek ingedeeld bij het gezelschap van de prins. Niemand maalde erom, de prins al helemaal niet. En zo toerden wij in een airco VIP-minibus door Australië. Ongebruikelijk wellicht, maar voor ons 'relatiebeheer' bepaald niet slecht. Buiten zijn particulier secretaris bestond het gevolg van de prins uit de Nederlandse ambassadeur in Australië, een adjudant van de koningin, twee beveiligers van de Veiligheids Dienst Koninklijk Huis , een medewerker van de Rijksvoorlichtingsdienst, zijn persoonlijke valet (assistent) en een aantal Aussie-gidsen.

De sfeer onderweg in de bus was informeel en los, maar iedereen hield zich aan zekere codes. Er werden grappen gemaakt, maar het werd nooit echt ouwe jongens krentenbrood. Willem-Alexander had aan het begin van de reis een Australische Akubrahoed gekocht: een vilten cow-

Elftalfoto met de 'Akubra-boys'
De groepsfoto bij Uluru, het heiligdom van de Aboriginals, werd genomen om 05:00 uur 's ochtends. De hitte is dan het meest draaglijk en de zonsopgang zet de rotsen in een gloedvol licht. Op de foto vlnr: *(bovenste rij)* fotograaf Johannes Dalhuijsen, de Nederlandse ambassadeur in Australië, prins Willem-Alexander, een Australische gids, Jaap Leeuwenburg (particulier secretaris), Rob Knijff (journalist), Tom Thoen (Veiligheids Dienst Koninklijk Huis), *(onderste rij)* Hans Kamp (Rijksvoorlichtingsdienst), Juul Covers (adjudant HM de Koningin), 'Muis' Vink, de valet van de prins, twee Australische gidsen, Ruud Schellingerhout (beveiliger VDKH).

boyhoed gemaakt van konijnenvacht. De Akubra staat symbool voor het Australische buitenleven en biedt een goede bescherming tegen de brandende zon. Niet alleen de prins was onafscheidelijk van zijn Aussiehoed, ook zijn hele 'hofhouding' liep opeens met zo'n ding. Dat zag er nogal komisch uit: de 'Akubra-boys'.

Bij het afsluitende bezoek aan Ayers Rock, een woestijngebied in midden-Australië waar de temperaturen oplopen tot ver boven de 40 graden, kwamen de hoofddeksels goed van pas. De prins verscheen bij deze hitte zelfs in korte broek, nagevolgd door het sportievere gedeelte van zijn volgers en de twee Aussiegidsen. Grote bezienswaardigheid in Ayers Rock was de bijzondere rotsformatie van zandsteen: Uluru. De Aboriginals beschouwen dit massief als heiligdom, een gebied waar de geesten van hun voorouders rondwaren. Prins Willem-Alexander leende een welwillend oor aan de zelf uitgeroepen president van de Aboriginalregering, Clarrie Isaacs. De 250.000 Australische Aboriginals leven in grote achterstand ten opzichte van de 17 miljoen blanke inwoners. Zij zien zichzelf als de oorspronkelijke bewoners van Australië en claimen de teruggave van oude landrechten.

Tussenstopje Bali

De week in Australië was omgevlogen. Het was inmiddels vrijdag en wij hadden tot maandag de tijd om in Nepal te komen, voor het tweede gedeelte van deze reis. In Nederland had ik kijkend op de kaart bedacht dat het misschien wel aardig was om een tussenstop te maken op het Indonesische eiland Bali. Een tropisch paradijs waar het nog altijd goed toeven is, ondanks het oprukken van Amerikaanse fastfoodketens en luidruchtige Russische vakantiegangers. Maar voor wie de weg kent is er met een beetje goede wil nog wel het gevoel van tempo doeloe terug te vinden.

Eenmaal op Bali stelde ik mijn reisgenoot 's avonds voor te eten in Poppies, één van de lekkerste Indonesische restaurants in het badplaatsje Kuta. Deze uit bamboe en palmbladeren opgetrokken warung ligt halfverscholen in de bush en is lastig te vinden via donkere steegjes die aftakken van de hoofdstraat naar het strand. Poppies zou een decor kunnen zijn in een James Bond-film. Je kunt er buiten eten in de tropenavond tussen watervallen, orchideeën en bananenbomen, omlijst met mysterieuze geluiden uit het woud.

Krankzinnig toeval

Omdat het op Bali aan de frisse kant was en licht regende, aten wij binnen. Na bestudering van de menukaart hieven Dalhuijsen en ik het glas op de onbeperkte gulheid van onze superieuren in Amsterdam. Het leven van een journalist was zo gek nog niet. Lang duurde dit euforische moment niet. We hadden het glas nog niet neergezet, of wij vielen van verbazing bijkans van onze stoel. Want wie stapte daar plotseling vanuit het niets het restaurant binnen? Willem-Alexander! Wij stonden werkelijk perplex. Hoe was dit in hemelsnaam mogelijk? Je zag aan zijn gezicht dat de prins zich hetzelfde afvroeg. Want hoe groot was de kans om elkaar ergens tussen Australië en Nepal – letterlijk in the middle of nowhere – tegen het lijf te lopen? En toch was dit net gebeurd!

Willem-Alexander was niet alleen, maar in gezelschap van een vriend. Ik vermoedde dat het ging om Jean Paul Drabbe, zoon van een Apeldoornse huisarts, wiens moeder – jonkvrouw Kinnema Drabbe-De Graeff – samen op school had gezeten met de prinsessen Margriet en Beatrix. Samen hadden de jongens in hun middelbareschooltijd een bezoek gebracht aan de Nederlandse mariniers in Noorwegen en daar onder Arctische omstandigheden in een bivaktent overnacht. Drabbe werkte nu voor de KLM en was tijdelijk gestationeerd in Jakarta. Vermoedelijk was het plan om Alexander tussen de bedrijven door op Bali te treffen van hem afkomstig. En van daaruit was het natuurlijk nog maar een kleine stap om bij Poppies terecht te komen. Maar krankzinnig bleef het, dat wij beiden onafhankelijk van elkaar hadden besloten ons vrije weekeind op precies dezelfde manier door te brengen.

Aan alle verwarring kwam snel een einde. Samen met zijn gast baande Alexander zich een weg naar een vrij tafeltje ver buiten gehoorsafstand. Anders dan de hartelijke begroeting van een week geleden in Perth, hadden we dit keer slechts een korte blik gewisseld. Voor de prins gold het etentje als een priveaangelegenheid in zijn vrije tijd en voor ons was dat niet anders. Wij hebben het ook later nooit meer over dit bizarre toeval gehad.

20–25 januari 1997 – Kathmandu, Nepal

Van woestijntemperaturen boven de 40 graden in Midden-Australië, daalde het kwik in Nepal 's nachts tot ver beneden nul. Een temperatuurval van zo'n 50 graden Celsius!

Uit Nederland was een handjevol journalisten overgevlogen om dit deel van de reis te verslaan. Met z'n allen verbleven wij in het Summit Hotel in Kathmandu. Dit typische trekkershotel voor liefhebbers van een steile klim had een Nederlandse eigenaar, Cas de Stoppelaar. Zelf een enthousiaste bergbeklimmer, was De Stoppelaar tevens consul-generaal van Nepal in Amsterdam. Een aardige vent, die een tijdlang columnist was geweest voor *NRC Handelsblad*. Zijn Summit Hotel bood een prachtig uitzicht op de toppen van de Himalaya, met in de verte de Anapurna, K2 en Mount Everest. Deze laatste 8848 meter hoge reus werd pas voor het eerst bedwongen in 1953, door de legendarische Nieuw-Zeelander sir Edmund Percival Hillary, samen met diens Nepalese sherpa Tenzing Norgay.

Hoewel gerieflijk waren de kamers in het Summit Hotel destijds simpel en stoer, zonder centrale verwarming. Om 's nachts niet te bevriezen was er wel een ingenieus systeem. Een uurtje voor het slapengaan stopte een vriendelijk kamermeisje een hete beddenpan in je bed, die er inderdaad voor zorgde dat je tot de volgende morgen sliep als 'een prinsje'. Prins Willem-Alexander was gedurende zijn gehele bezoek te gast bij de Nepalese

De Nieuw-Zeelander Sir Edmund Percival Hillary (rechts) en zijn Nepalese sherpa Tenzing Norgay waren de eerste stervelingen ter wereld die erin slaagden de Mount Everest te bedwingen. Op 29 mei 1953 bereikten de twee bergbeklimmers samen de top van deze hoogste berg ter wereld. Volgens het Amerikaanse *TIME Magazine* behoorde het tweetal door deze heldendaad tot de 100 meest invloedrijke personen van de 20e eeuw. *Foto: AP*

Het koninklijke Narayanhiti-paleis in Kathmandu, waar prins Willem-Alexander in Nepal logeerde. In de dinerzaal die onder de minaret ligt, vond op 1 juni 2001 de familietragedie plaats.

koninklijke familie en logeerde in het Narayanhiti-paleis in Kathmandu.

Het enige koninkrijk met een maoïstische regering

Het koninkrijk Nepal had een aantal roerige decennia achter de rug. Koning Birendra was in 1972 zijn vader Mahendra opgevolgd als koning van Nepal. Via een systeem van lokale en regionale raden had de arme Nepalese bevolking wel enige invloed op de samenstelling van de regering, maar van een democratie was geen sprake. Nepal was lang een absolute monarchie geweest, waar de wil van de koning wet was. Hierin was pas in 1990 verandering gekomen. Na aanhoudende protesten en toenemende invloed van maoïstisch georiënteerde rebellen, werd in dat jaar een Grondwet ingevoerd en werden politieke partijen toegestaan. Nepal werd een constitutionele monarchie. Tot 1995 was het zelfs het eerste koninkrijk met een maoïstische regering.

Het bezoek dat prins Willem-Alexander in januari 1997 bracht aan deze prille democratie, viel in een relatief rustige periode. Het weerzien tussen beide kroonprinsen op het vliegveld van Kathmandu was hartelijk. Dipendra had met zijn Hindoe-achtergrond en oosterse kleding iets mystieks, maar door zijn westerse opvoeding in Groot-Brittannië was hij tegelijk heel toegankelijk en werelds. De twinkeling in zijn ogen verraadde gevoel voor humor.

Willem-Alexander kreeg de Suite of Honour toebedeeld in het koninklijk paleis, hetzelfde gastenverblijf waarin de Britse koningin Elizabeth en haar man prins Philip hem waren voorgegaan. In 1961 had koning Mahendra – de vader van Birendra – nog een speciale tijgerjacht georganiseerd voor de Duke of York, die zich evenals prins Bernhard in die dagen weinig gelegen liet liggen aan natuurbescherming en zich in de jungle van Nepal ongegeneerd uitleefde in de jacht op deze thans bedreigde diersoort.

In de Dhanusa-receptieruimte van het paleis wachtte de Nederlandse prins na aankomst een warm welkom, waarvoor de voltallige Nepalese koninklijke familie was opgetrommeld. Na een korte audiëntie bij koning Birendra en koningin Aishwanya, werd de Nederlandse gast voorgesteld aan Dipendra's zus, prinses Shruti (20) en broer prins Nirajan (19). Ook de broer van de koning, prins Gyanendra, en zijn gezin gaven acte de présence.

In een ontspannen familiesfeer werd 's avonds gezamenlijk gedineerd in de privéruimte van de koninklijke familie. De eetzaal was gelegen op de eerste verdieping. Van buitenaf gezien lag de Royal Dining Room aan de rechtervoorzijde van het paleis, juist onder de hoogste minaret. Het eetvertrek grensde aan een balkon dat uitzicht gaf op de paleistuin. Niemand kon die avond bevroeden welk een tragedie zich vierenhalf jaar later in deze dinerzaal zou afspelen. Nagenoeg iedereen die Willem-Alexander die dag de hand had geschut zou sneuvelen in een spervuur aan kogels. Een daad zó bizar, dat het de moeite waard is in dit boek nog eens terug te blikken op het memorabele bezoek dat de Prins van Oranje van 20-25 januari 1997 bracht aan Nepal.

'Heilige' aapjes

Op de tweede dag van zijn bezoek aan Nepal verkende prins Willem-Alexander hoofdstad Kathmandu en bezocht onder andere de fraaie Swayambhunath-tempel. Samen met Dipendra beklom hij de steile 365 treden tellende trap die naar dit boeddhistische heiligdom leidt. De drukbezochte 'Monkey Temple', die een grote aantrekkingskracht uitoefent op Tibetaanse monniken, dankt zijn bijnaam aan het feit dat een deel van het tempelcomplex wordt bewoond door – in boeddhistische ogen – 'heilige' apen.

Mooie anekdote

Tijdens het galadiner ter ere van de Nederlandse gast 's avonds in het Holiday Inn Crowne Plaza Hotel, verraste prins Willem-Alexander zijn gehoor met een mooie anekdote. De 29-jarige prins bood zijn verontschuldigingen aan voor een gebeurtenis die zich dertig jaar eerder had voorgedaan: zijn eigen geboortedag. Uitgerekend die dag, 27 april 1967, bracht de toenmalige koning van Nepal, Mahendra, een staatsbezoek aan koningin Juliana. Tijdens het staatsbanket dat Mahendra werd aangeboden had zich plotseling de geboorte van Willem-Alexander aangekondigd. Juliana had zich geen moment bedacht en was halverwege het diner opgestapt om geen seconde van de blijde gebeurtenis te missen. Prins Bernhard en koning Mahendra – de grootvader van prins Dipendra – hadden samen een kostelijke

avond beleefd en voldoende redenen gevonden het glas veelvuldig te heffen.
Mahendra was naar Nederland gekomen met een speciale hofdichter in zijn gevolg. De koning gaf zijn dichter opdracht direct aan de slag te gaan en een fraai gedicht te componeren. Prins Willem-Alexander vertelde in zijn tafelspeech dat het gedicht nog steeds een ereplaats heeft bij hem thuis. Hij had de lachers op zijn hand en schonk zijn vriend Dipendra een kopie van het dichtwerk.

Woensdag 22 januari 1997 – Een ijzig avontuur

Op het programma stond een helikoptervlucht naar het Tsho Rolpa Gletsjermeer op 4500 meter hoogte. Een Nederlands buizenbedrijf (Wavin) hielp hier bij een veilige indamming en afwatering van het gletsjerwater, om te voorkomen dat de lager gelegen vallei zou overstromen. De rondvlucht zou tussen de Himalaya-pieken, Anapurna en Mount Everest door voeren en een schitterend panorama opleveren. Een avontuur waarvan menig vliegershart sneller gaat kloppen, maar het mijne niet per se! Anders dan de gebrevetteerde prinsen vond ik vliegen vooral een noodzakelijk kwaad, en al helemaal met een helikopter.

Op het Tribhuvan International Airport stonden tegen 10.00 uur 's ochtends vier helikopters van het Nepalese leger gereed. Voor de grootste heli, bestemd voor Willem-Alexander en zijn entourage, bestond een geïmproviseerde passagierslijst. De overige luchtreizigers mochten zelf een heli uitkiezen. Van de drie overgebleven wentelwieken zagen twee er in hun camouflagekleuren nogal oud en uitgeblust uit. En dus spoedde ik mij naar de kleinste van de vier heli's, die nog splinternieuw leek en weinig vlieguren moest hebben. Qua kansberekening zette ik al mijn kaarten op deze blinkende machine. Het toestel werd gevlogen door twee militaire vliegers en kon vier passagiers hebben. Buiten mijzelf en collega Johannes Dalhuijsen verzekerden ook ANP-fotograaf Paul Vreeken en fotograaf Han Schenk zich van een plaatsje in dit toestel.

Om 10.00 uur precies stegen de Nepalese legerheli's één voor één op en zetten koers richting de besneeuwde Himalayatoppen in de verte. Het weer was helder en het uitzicht spectaculair. De piloten deden zwijgend hun werk en afgezien van het sonore geronk van de motor en gechop van de rotorbladen, heerste er bijna een serene rust aan boord.

Na ongeveer drie kwartier vliegen over bergachtig gebied bereikten wij de eerste uitlopers van de Himalaya. Wij vlogen op zo'n drie kilometer hoogte. Onze heli was de achterste van de vier en wij konden de overige toestellen, met Willem-Alexander voorop, goed zien. Omdat ik altijd geconcentreerd meevlieg viel het mij als enige op dat wij als laatste in de formatie iets lager leken te vliegen dan de helikopters voor ons.
Alsof wij er een beetje bij bungelden aan de staart. Als mogelijke reden bedacht ik dat dit waarschijnlijk onderdeel was van de standaard vliegprocedure in de bergen. Als alle volghelikopters ten opzichte van elkaar een stukje lager zouden vliegen, dan konden er geen ongelukken gebeuren wanneer de voorste heli onverhoeds zou omkeren, bijvoorbeeld bij slecht zicht of het vallen van de duisternis. Ik vond dat nogal slim gevonden van mezelf.

Na enige tijd merkte ik dat wij steeds lager kwamen te zitten ten opzichte van onze voorgangers en dat het gat met de andere heli's ook steeds groter werd. Het gebied waar wij juist overheen vlogen bestond uit louter steile berghellingen. De piloot en co-piloot voor ons zaten nog altijd zwijgzaam achter hun controlepanelen, dus dat zat wel snor. Het zat duidelijk óók snor met mijn drie reisgenoten, die ontspannen zaten te genieten van de vergezichten. Pas nadat wij de drie heli's voor ons volledig uit het zicht hadden verloren, begon het ook bij hen langzaam te dagen dat er iets geks aan de hand moest zijn. Al kon het natuurlijk ook zo zijn dat wij reeds op de plaats van bestemming waren gearriveerd en de heli's voor ons nog een extra rondje vlogen, om een reden die wij niet kenden.

Boze boeren met gebalde vuisten

Onze helikopter vloog inmiddels zo laag dat wij tegen de schuine berghellingen, diep beneden ons, her en der kleine berghuisjes zagen liggen. Naarmate wij zakten bleken dit niet meer dan schamele hutjes te zijn, die in rap tempo op ons afkwamen. Op een paar honderd meter boven de grond, zag ik boze boeren met gebalde vuisten in de lucht zwaaien, omdat hun koeien op hol sloegen en alle kanten uit stoven. Het was zonneklaar dat wij midden in een noodlandingsprocedure zaten. Plotseling ging binnen in de heli een indringend alarmsignaal af, dat mijn bange vermoeden bevestigde en de laatste 100 meter razend spannend maakte. Van paniek was gek genoeg geen sprake – ook bij mij niet – omdat wij al zo dicht boven de grond hingen dat iedereen vertrouwde op een goede afloop. Onze piloot zocht geconcentreerd naar een vlak stuk, dat hij vond op een smal terras dat door boeren tegen de

■ Noodlanding op circa 2500 meter hoogte midden in het Gaurishanka Natuurreservaat, midden in de Himalaya. Nieuwsgierige 'koppies' van lokale bergbewoners schaarden zich rond de gestrande legerhelikopter RAN 32. *Foto: Paul Vreeken/ANP*

berghelling was uitgehakt voor verbouwing van groenten.
Zodra de rotorbladen tot stilstand waren gekomen, stapten wij zo snel als onze waardigheid dit toeliet uit, om op gepaste afstand de zaken af te wachten die komen gingen. Wij hadden geen idee wat de noodlanding had veroorzaakt en of het toestel bijvoorbeeld niet alsnog in brand zou vliegen. Binnen enkele minuten waren wij omringd door tientallen vriendelijke en kleurrijke leden van een bergstam, die op het ongebruikelijke spektakel waren afgerend.

Van boosheid over het op hol geslagen vee was geen sprake meer. Lokale boeren, moeders met kinderen op de arm in wollen winterkleren: allemaal nieuwsgierige koppies keken vanaf gepaste afstand toe.

Luitenant-kolonel Madan K.C. vertelde ons zonder omwegen in goed Engels wat hem tot de noodlanding had gedwongen. Halverwege de vlucht was in de cockpit een lichtje gaan branden dat aangaf dat de turbinemotor van zijn toestel oververhit dreigde te raken. Dat was met dit

Madan K.C. en co-piloot Eknath Thapa, buigen zich - nadat de motor is afgekoeld - over het technische mankement van hun helikopter. De bezorgde verslaggever vertellen zij geamuseerd dat het ruim een dag lopen is naar de bewoonde wereld en de eerste busverbinding.
Foto: Paul Vreeken/ANP

eenmotorige type toestel van Franse makelij, een Ecureuil 350 B2, al eerder gebeurd. Zonder dat wij hier iets van hadden gemerkt had Madan de drie andere helikopters via zijn boordradio laten weten: 'Helikopter in moeilijkheden! De RAN 32 (het militaire registratienummer dat stond voor: Royal Army Nepal) gaat een noodlanding maken.'
Madan K.C.: 'Ik ging ervan uit dat het mee zou vallen. Maar je kunt geen enkel risico nemen. Als de koeling van de motor defect raakt houdt de motor er in één keer mee op en stort het toestel neer,' aldus de koelbloedige squadroncommandant.

Nadat het toestel wat was afgekoeld, dook Madan K.C. zelf onder de motorkap om de schade op te nemen. In nauw radiocontact met technici van zijn thuisbasis en geassisteerd door zijn copiloot, majoor Eknath Thapa, ontdekte Madan na een kwartiertje sleutelen dat met de koeling alles oké was. Het defect had gezeten in het controlepaneel van de cockpit.

Na zijn passagiers ervan verzekerd te hebben dat er geen enkel gevaar meer te duchten viel, stelde hij voor ons te trakteren op een kop koffie en lunch. We hadden te veel oponthoud opgelopen om nog aan te haken bij het programma van de beide kroonprinsen. Madan wist een leuk restaurant op een nabije bergtop, op tien minuten vliegen. Het geheel kreeg iets onwerkelijks: momenten later hingen wij weer in de lucht alsof er niks was gebeurd, op weg naar een kop koffie 'per helikopter'. En het mooiste verhaal van de dag moest nog komen.

'Hij is een echte held'

Co-piloot Eknath Thapa had zich tijdens de reparatie van de heli laten ontvallen dat Madan K.C. een paar maanden ervoor betrokken was geweest bij een spectaculaire reddingsoperatie in de Himalaya. 'Hij is een echte held!' had Thapa ons trots ingefluisterd toen Madan net even met iets anders bezig was. Dat verhaal móésten wij onder de koffie natuurlijk horen: het maakte onze noodlanding, waarover in Nederland op het ANP-nieuws inmiddels al melding was gemaakt, nog specialer.

Onze nieuwe held parkeerde zijn 'Ecureuil', wat 'eekhoorn' betekent in het Frans, op de zandweg pal voor het restaurant. Uit het feit dat niemand in de uitspanning hier enige aandacht aan besteedde, maakte ik op dat Madan wel vaker op deze manier op de koffie kwam.

Acht bergbeklimmers vroren de eerste dag dood

Madan K.C. glimlachte bijna verlegen toen wij hem onder de koffie vroegen naar zijn bijzondere reddingsmissie. Op 10 mei 1996 had één van de zwaarste sneeuwstormen ooit de flanken van Mount Everest geteisterd. Diverse expedities waren die onfortuinlijke dag bezig met de beklimming van 's werelds hoogste berg. De klimmers werden overvallen door de dodelijkste sneeuwstorm ooit (orkaankracht 12), die de hele dag en een deel van de avond zou aanhouden. Vooral de ongelukkigen die boven de 8000 meter zaten, vlak onder de top (8848 m) – een gebied dat bekend staat als Death Zone – werden hard getroffen.

Acht klimmers, onder wie de bekende Amerikaanse gids Scott Fischer, vonden op dag één de dood door onderkoeling of valpartijen. In de dagen die volgden zouden hier nog zeven slachtoffers bijkomen. De ergste ramp in de geschiedenis van Mount Everest. Een aantal klimmers dat de blizzard in eerste instantie had overleefd,

Viervoudig Everest-bedwinger Tim Mosedale (GB) maakte deze fascinerende opname van Khumbu Icefall. Dit desolate ijslandschap ligt op 5500 meter hoogte tegen de zuidwand van Mount Everest. Het geldt als één van de meest verraderlijke gebieden tussen het Basiskamp en Kamp 1 op de zuidroute. Op 18 april 2014 vonden hier nog zestien Nepalese bergbeklimmers de dood door een lawine. De gletsjer bestaat uit schuivende ijsmassa's en tientallen meters diepe spelonken. Pal boven dit gebied, op ruim 6 km hoogte, voerde helikopterpiloot Madan K.C. zijn heroïsche reddingsoperatie uit. Op deze hoogte had door gebrek aan zuurstof nooit eerder een helikopter gevlogen.
Foto: Tim Mosedale

zat met zware bevriezingsverschijnselen vast op grote hoogte. Zonder hoop. Eén van hen was de Nieuw-Zeelandse expeditieleider Rob Hall, die met dertig klimmers op 8100 meter tegen de zuidflank hing, toen hij door het noodweer werd verrast. Slechts 750 meter onder de top. Bevangen door kou wist hij via zijn radioverbinding nog contact te maken met zijn vrouw in Christchurch, Nieuw-Zeeland, voor een emotioneel afscheidswoord. Een andere klimmer uit Halls groep, de 49-jarige Amerikaan Seaborn Beck Weathers, een patholoog uit Texas, was er niet veel beter aan toe. Hij was door medeoverlevenden onder een laag sneeuw vandaan gehaald en met veel moeite naar het lager gelegen 'High' Kamp 4 (8000 meter) gebracht. Zwaar onderkoeld en in coma. Zijn teamgenoten hadden een laag ijs van 5 centimeter van zijn ogen en gezicht gepeld: de huid eronder had eruit gezien als porselein. Hierna hadden ze Beck 's nachts in een tent gelegd om de natuur zijn loop te laten hebben. Becks echtgenote Peach in Texas kreeg een paar uur later van het basiskamp het droeve nieuws dat haar man was overleden.

Uit één van de tentjes klonk plotseling: 'Hé, niet zonder mij!'

Op 11 mei, de volgende ochtend, net toen de overlevenden en gewonden van Kamp 4 zich opmaakten voor de afdaling naar het 1000 meter lager gelegen Kamp 3 (7162 m), had er uit één van de tentjes plotseling geklonken: 'Hé, niet zonder mij!' Het was de stem van Beck Weathers geweest.

De bijgelovige Nepalese sherpa's waren zich ongans geschrokken. De Amerikaan was letterlijk uit de dood herrezen. Direct ging er een telefoontje met dit ongelooflijke nieuws naar zijn familie in Texas. Maar voor de afdalers maakte dit mirakel het er niet makkelijker op. In de eerste plaats was het verre van zeker dat de Amerikaan zijn zware kwetsuren op de weg terug zou overleven, maar bovendien waren zowel diens beide handen als neus in één nacht afgestorven.

Terwijl de verbouwereerde klimmers de herrezen arts vol goten met liters hete thee, stond luitenant-kolonel Madan K.C. net klaar voor een rondje golf op de Royal Nepal Golf Club, toen zijn telefoon ging. Het was de Amerikaanse ambassade.

'Omdat ze mij op de man af vroegen, beschouwde ik het als een morele plicht het te proberen. "Oké ik zal proberen The Beck te redden!"'

Senator Tom Daschle – reddingsactie

De vrouw van Beck Weathers had er geen gras over laten groeien en had vanuit Dallas een grootscheepse hulpactie ontketend. Via de bevriende senator Tom Daschle was de Amerikaanse ambassade in Kathmandu ingeschakeld. Deze had bij het koninklijk Nepalese leger geïnformeerd naar de haalbaarheid van een reddingsoperatie. Inmiddels was de groep klimmers uit Kamp 4, met de zwaar gehavende Beck Weathers, begonnen aan de gevaarlijke afdaling. Na een halve dag klimmen had Beck willen opgeven, maar zijn teamgenoten hadden hem aangespoord zijn laatste resten energie aan te spreken. Wetende dat hoe lager zij kwamen, hoe groter de kans op redding. Uitgeput bereikte de groep tegen de avond Kamp 2, op 6400 meter.

Terugblik

Met zachte stem blikte Madan K.C., tussen twee slokken koffie door, terug op de bizarre gebeurtenissen van toen: 'Ik wist natuurlijk hoe gevaarlijk de missie was waarvoor ze mij vroegen. Op die hoogte had nog nooit een helikopter gevlogen. De lucht is er zo ijl dat er bijna geen draagvermogen meer is om te vliegen. Ook de verraderlijk draaiende valwinden op de Everest maakte een operatie levensgevaarlijk. Een aantal collega-piloten had bedankt voor de eer, omdat zij het te-riskant vonden. Maar omdat ze mij op de man af hadden gevraagd, beschouwde ik het als een morele plicht het te proberen en zei ik: "Okay, I will try to rescue The Beck!"'

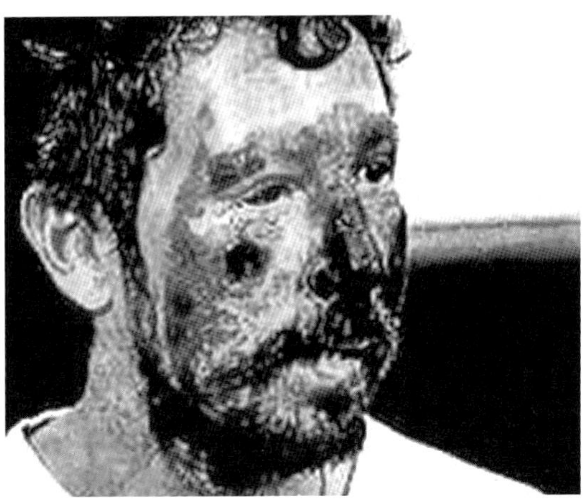

■ Everestbeklimmer dr. Seaborn Beck Weathers, een patholoog uit Texas, beleefde een miraculeuze wederopstanding.

'Geen moment aarzelen'

De volgende ochtend, op 12 mei, was hij om zes uur 's ochtends opgestegen. Met dezelfde kleine Franse 'Eekhoorn' waarin wij eerder deze dag een geslaagde noodlanding hadden gemaakt en die nu buiten voor het restaurant stond te glimmen. Bij het basiskamp op 5334 m had hij een aantal jerrycans met brandstof gedropt plus zijn co-piloot, om zo min mogelijk gewicht te hebben. Met een zuurstofmasker op was hij uit zicht verdwenen richting Kamp 1 en van daaruit zonder naar de grond te gaan direct door naar het op 6400 m hoogte gelegen Kamp 2. Madan: 'Ik was er helemaal niet zeker van dat de operatie zou lukken. Maar als je aan zoiets begint, is het heel belangrijk om geen moment te aarzelen: je doet het of je doet het niet. Dus toen ik die beslissing eenmaal had genomen, zei ik tegen mezelf: "Lets go!"'

Madan: 'De vallei waar ik moest zoeken was zo nauw, dat ik eerst naar 7000 meter hoogte moest stijgen om mij tussen twee berghellingen in te kunnen laten zakken. Op deze hoogte was nog nooit een helikopter geweest. Zo hoog gaan je hersens door zuurstofgebrek heel traag werken en ook je reactievermogen wordt fors minder. Ik had maar voor twintig minuten brandstof. Er mocht niets verkeerd gaan. Ik vloog op de top van mijn kunnen qua precisie en concentratie. Vlak voor Kamp 2 zag ik onder mij een groepje mensen dat een lichaam achter zich aan sleepte door de sneeuw. Dat ging tergend langzaam op handen en voeten.'

'Ik durfde het toestel niet met zijn volle gewicht op de grond te zetten en zei: "Now God, make it possible for me."'

'Nadat ik mij tussen de twee rotswanden had laten zakken tot vlak bij de klimmers, merkte ik

dat de grond te oneven was om te landen. Als de dragers van het toestel op het ijs zouden gaan glijden, was het leed niet te overzien. Iets verder naar links vond ik een klein vlak stuk en ik zei: 'Now God, make it possible for me.' Ik durfde het toestel niet met zijn volle gewicht op de grond te zetten, omdat ik niet kon zien wat er onder de sneeuw zat. Daarom hield ik bijna het maximum vermogen op de motor.'
In deze benarde positie wachtte de moedige piloot een onverwachte verrassing. Er bleek niet één, maar nog een tweede zwaar gewonde te zijn. De Taiwanees Makalu Gau was er met twee afgevroren onderbenen zo mogelijk nog slechter aan toe dan Beck. Maar er was geen sprake van dat hij onder deze condities beiden mee kon nemen.

'Only one'

Madan K.C.: 'Ik kon mijn handen niet van het besturingspaneel afhalen en bleef recht voor mij uitkijken, gefocust op één punt. Ik wilde mijn hoofd niet draaien. Dat kon mijn concentratie en beoordelingsvermogen beïnvloeden. De kleinste fout kon fatale gevolgen hebben. Dus schreeuwde ik zonder opzij te kijken boven het lawaai uit: "Only one!" Zodra ik de deur hoorde dichtslaan trok ik op.
Er stond een vervelende tailwind, maar uiteindelijk lukte het om net voldoende hoogte te krijgen en met de staart omhoog vlogen wij in één lijn naar het basiskamp. Hier bleek dat ik niet Beck bij mij had, maar de zwaargewonde Taiwanees. En dus zat er niets anders op dan nog een keer terug te vliegen: ik kon niet zonder "The Beck" thuiskomen.'

Uit de jerrycans had Madan voor nog eens twintig minuten bijgetankt en amper vijf minuten later hoorde de groep-Beck de heli terugkeren en zich moeizaam omhoogklauwen tot 7000 meter, om zich vervolgens voor de tweede keer die ochtend te laten zakken in de vallei op 6200 meter, waar The Beck zich bevond.

'You saved my life,' had The Beck gehuild.

Nadat de deur van de kleine 'Eekhoorn' achter Beck Weathers was dichtgeslagen, was de Amerikaan in schreeuwen uitgebarsten na alle doorstane ellende. Op de terugvlucht naar Kathmandu, na eerst Makalu Gau en de co-piloot te hebben opgepikt, had Beck zijn redder tijdens het vliegen voortdurend op de schouders geslagen met wat er nog over was van zijn afgevroren handen. Die stompen zagen er in het noodverband uit als twee enorme witte bokshandschoenen. 'You saved my life, you saved my life,' had Beck gehuild van vreugde.

Madan K.C. werd door koning Birendra onderscheiden voor zijn heldenmoed met De Ster van Nepal. Ook in de Verenigde Staten werd hij in het zonnetje gezet voor zijn fenomenale prestatie en ontving hij het hoogste ereteken voor helikopterpiloten, de Robert E. Trimble Award.

Dr. Seaborn Beck Weathers schreef een bloedstollend boek over zijn wederopstanding uit de dood: *Left for Dead, My Journey Home from Everest*, dat werd verfilmd (*Everest*). Zijn neus werd gereconstrueerd met een spier uit zijn voorhoofd, beide handen geamputeerd.

Na afloop van zijn indrukwekkende verhaal keek de 42-jarige Madan K.C., vader van vier kinderen, even zwijgend voor zich uit. Op dezelfde gedempte toon gaf hij het verhaal nog een onverwacht staartje en vertelde waarom hij zich destijds als enige van zijn collega's had aangemeld voor de levensgevaarlijke reddingsklus. Madan bleek twee jaar ervoor zijn vrouw verloren te hebben bij een gasexplosie thuis in de keuken. 'Ik heb nog geprobeerd haar te redden, maar dat is niet gelukt. Mijn hele leven ben ik bezig met het redden van mensen in de Himalaya, maar thuis was ik net te laat. That's life!'

'Proces-verbaal' voor noodlanding

We luisterden met z'n vieren met een brok in de keel naar deze laatste ontboezeming. De terugvlucht naar Kathmandu leek na het verhaal van de sympathieke helikopterpiloot een peulenschilletje.

Terug in het Summit Hotel die avond werden wij verrast door een bezoek van twee beveiligers van prins Willem-Alexander. De twee politiemannen van de Veiligheids Dienst Koninklijk Huis, Tom Thoen en Ruud Schellingerhout, waren gestuurd om een proces-verbaal op te maken van de noodlanding. In Nederland was er op het radionieuws en in de krant de nodige aandacht aan besteed. Zowel de koningin als prins Willem-Alexander wilden uit de eerste hand weten wat er zich precies had afgespeeld.

Natuurlijk was het moeilijk om in de twee resterende dagen dit avontuur te evenaren, laat staan overtreffen. Voor Willem-Alexander stond een trektocht op het programma vanuit het bergdorp Ghandrung. Een steile tippel door de voetheuvels van Annapurna en Machhapucha tot een hoogte van 2000 meter. Een interessante tocht langs natuurreservaten en dorpjes met inheemse stammen. De journalisten hadden alleen de start van deze klauterpartij langs smalle bergpaden mogen meemaken en waren hierna naar Kathmandu teruggekeerd. Terug naar de warme beddenpannen! Willem-Alexander bracht de nacht in de bergen door. Van ons mocht hij.

Vrijdag 24 januari 1997 – Als een sjah op een olifantenrug door tijgergebied

Eenzelfde toegeeflijke houding van de kant der journalisten ging echter niet op voor het programmaonderdeel op de laatste dag van het officiële bezoek: een safaritocht per olifant door het Chitwan National Park in het zuiden van Nepal. In dit grensgebied met India leven nog tijgers. Vooral fotografisch gezien was deze afsluitende trip natuurlijk te mooi om te laten lopen. Willem-Alexander als een sjah in een mandje boven op een olifant!

Geen plaats voor de meegereisde journalisten? Dan huurden wij wel een eigen helikopter

Om een reden die zich laat raden hadden de programmamakers dit deel van de reis als privé-uitje bestempeld en dus was er geen vervoer geregeld voor de meegereisde journalisten.

Maar dat gaat zomaar niet en daarom huurden wij voor een paar honderd dollar een eigen helikopter. Een onkostenpostje waar de hoofdredacteur aan de Basisweg niet warm of koud van werd en waarvoor ik zelfs geen toestemming hoefde vragen. Omdat ik genoeg had van helikopters en het vooral om een fotomoment ging, besloot ik de laatste dag thuis te blijven in Kathmandu. De

■ Koningsdrama. Links op deze staatsiefoto prins Dipendra. Naast hem zijn ouders, koning Birendra en koningin Aishwanya, zus Shruti en broer Nirajan. *Foto: Corbis/Hollandse Hoogte*

fotografen gingen wel, en hun foto's zouden na terugkeer voor zich spreken.

De dag na zijn tijgersafari nam prins Willem-Alexander tijdens een lunch in het Narayanhiti-paleis afscheid van de hele Nepalese koninklijke familie. Behalve prins Dipendra, die een jaar later een tegenbezoek zou brengen aan Nederland, zou hij de leden van de Nepalese royal family die dag voor het laatst zien.

Als een shah uit lang vervlogen tijden genoot prins Willem-Alexander vanaf een olifantenrug van zijn bezoek aan het Chitwan National Park. In dit zuidelijke deel van Nepal leven nog tijgers in het wild. *Foto: Paul Vreeken/ANP*

Complottheorieën

Was de bij zijn volk zo geliefde Dipendra wel de schutter? Geen mens in Nepal hechtte enig geloof aan de officiële lezing die de Nepalese regering na het bloedige drama op 1 juni 2001 naar buiten bracht. De Nepalesen hielden van hun koning en zijn familie, die werden gezien als directe afstammelingen van god. De aimabele Dipendra kón zoiets gruwelijks gewoonweg niet op zijn geweten hebben.

Dipendra had als enige na de schietpartij nog drie dagen geleefd, zij het in coma. Na de gewelddadige dood van zijn vader werd Dipendra op zijn sterfbed zelfs nog beëdigd als nieuwe koning. Toen hij drie dagen later stierf en zijn oom Gyanendra hem opvolgde, kwam de geruchtenmachine pas goed op gang.

Want wie was de enige die profijt trok uit dit koningsdrama? En waarom was diezelfde Gyanendra op het moment van de schietpartij net niet aanwezig geweest? En hoe was het te verklaren dat Gyanendra's zoon, Paras, een gehate nietsnut, wel bij de schietpartij aanwezig was geweest, maar het er levend vanaf had gebracht?

Uitgerekend Paras, een jongen van drugs en snelle auto's, was nu de nieuwe kroonprins! Op de eerste dag van zijn koningschap had Gyanendra er nog een schep bovenop gedaan, met de verklaring dat zijn neef Dipendra niet echt schuldig was aan de moordpartij, maar dat diens automatische wapen 'per ongeluk' zou zijn afgegaan.

Toen de nieuwe koning met kroon en al in een koetsje door de straten van Kathmandu aan zijn volk werd getoond, was hij van alle kanten door woedende omstanders uitgescholden voor 'moordenaar'.

Cas de Stoppelaar, de consul van Nepal in Nederland, gelooft niet in deze complottheorie. In een interview met de Volkskrant *kort na de gebeurtenis kwam hij met een andere lezing. Uit goede bron wist hij dat Dipendra de fatale avond aan tafel had opgebiecht, die dag in het geheim te zijn getrouwd met zijn grote liefde Deviyani. Het meisje dat zijn ouders afkeurden. In de lokale Guheshwari-tempel zouden de geliefden elkaar die morgen in aanwezigheid van vrienden bloemenslingers om de schouders hebben gehangen, waarmee het huwelijk op Hindoewijze was bezegeld. Dipendra zou met zijn huwelijk in opstand zijn gekomen tegen zijn vader en moeder. Een woedende koning en koningin zouden hun oudste zoon hierna aan tafel hebben gedreigd hem de troonopvolging te ontnemen ten faveure van zijn jongere broer. Dit zou de druppel zijn geweest.*

Hoe het ook zij: in 2008 hield Nepal op een koninkrijk te zijn. Koning Gyanendra (foto) werd afgezet en Nepal is nu een Federale Democratische Republiek met een president. 'Kroonprins' Paras werd eind 2014 in de binnenlanden van Thailand, waar hij als hippie leefde, gearresteerd voor drugsbezit.

Een withete prins op de Antillen

'Verraad' in het Spaanse Water

Natuurlijk was het niet altijd pais en vree in de onderlinge contacten die ik over een groot aantal jaren met de prins onderhield. Soms schreef ik een stuk voor de krant waarmee hij minder, of zelfs helemaal níét gelukkig was. Dat was niet te voorkomen en inherent aan de tegenstrijdige belangen die er nu eenmaal kunnen zijn.

Tijdens onze nadere kennismaking in 1994 – ergens hoog in de lucht, op weg naar de inhuldiging van Nelson Mandela (hoofdstuk 5) – hadden wij dit thema uitgebreid besproken. Een te nauwe band met journalisten zou voor de prins onvermijdelijk risico's met zich meebrengen en andersom gold hetzelfde: een te vriendschappelijke omgang met de prins zou vroeg of laat de journalistieke onafhankelijkheid in gevaar brengen, met het risico van zelfcensuur.

We hadden op die gezamenlijke constatering nog een biertje gedronken en erg gelachen om het voorbeeld van journalist Ischa Meijer, die er in zijn hoogtijdagen bij *Vrij Nederland* een sport van maakte eerst het vertrouwen van mensen te winnen, om ze vervolgens finaal onderuit te halen in zijn opinieblad. Met die methode maakte Meijer veel slachtoffers en dunde hij zijn vriendenkring in rap tempo uit.

Voordat ik mij in 1993 fulltime voor *De Telegraaf* zou gaan bezighouden met de berichtgeving over het Koninklijk Huis en dus beroepshalve regelmatig met hem te maken kreeg, had ik Willem-Alexander al een paar keer eerder in levenden lijve ontmoet. Die ontmoetingen waren nogal wisselend verlopen.

'Hallo, ik ben van de Duyvis en nou hoort ik dat er hier een fuif is'

In het Oostenrijkse wintersportplaatsje Lech had ik hem eind jaren tachtig zomaar een keer midden op straat aangesproken. De prins liep daar – ski's op de nek – met een paar vrienden richting skilift. Ik vroeg hem in de dorpsstraat (de Lechtal Strasse) of hij misschien een minuutje had voor wat korte vragen. Hij had mij heel even vernietigend aangekeken en toen geantwoord: 'Vind jíj dat een slimme vraag?' Zichtbaar tevreden was hij doorgelopen, een destijds bekend reclamedeuntje voor borrelnootjes zingend: 'Hallo, ik ben van de Duyvis en nou hoort ik dat er hier een fuif is.' Ik had mij volstrekt niet aangesproken ge-

■ Het Spaanse Water op Curaçao, pleisterplaats voor welvarende zonaanbidders en eldorado voor duikliefhebbers. De villa die Willem-Alexander tot zijn beschikking had, was eigendom van een Haagse aristocratische familie.

voeld door de botte respons, die in zekere zin nog ad rem was ook. Maar de narrige reactie had wel een facet van zijn karakter getoond, dat kennelijk aan de oppervlakte komt wanneer de prins wordt geconfronteerd met zaken die hem niet aanstaan.

Het toonde evenzeer dat de Leidse student Alex van Oranje geen spat was veranderd ten opzichte van het 11-jarige jochie dat eind jaren zeventig tijdens een fotosessie had uitgeroepen: 'En nu alle Nederlandse pers opgerot!' De weerzin en achterdocht jegens journalisten was hem met de paplepel ingegoten en had hem nooit verlaten.

Des te opvallender was het dat wij er jaren later toch in zouden slagen een redelijk tot goede verstandhouding te ontwikkelen. Soms was er een verschil van mening over de feiten, een andere keer een tegenstrijdig belang bij publicatie. Maar veel vaker liepen de belangen parallel en resulteerde dit in mooie verhalen in de krant, zoals bij de inhuldiging van Nelson Mandela en de trektocht met prins Claus door Tanzania. Mijn journalistieke motto was simpel: ik ben erbij wanneer alles voor de wind gaat, maar óók als het tegenzit en je liever geen journalist in de buurt zou willen hebben. Het waren gek genoeg vooral de kleine aanvaringen met de prins, die het beste illustreren dat wij de werkrelatie op orde hadden. De botsende meningen waren nooit persoonlijk, altijd zakelijk. Een greep uit het rijtje 'meningsverschillen' met de prins.

Stealth-bommenwerper

Midden jaren negentig hoorde ik dat op de militaire vliegbasis Soesterberg een Amerikaanse Stealth-bommenwerper een tussenlanding zou maken en Willem-Alexander een kijkje zou nemen bij deze mysterieuze zwarte vleermuis: destijds het allerlaatste technologische hoogstandje uitgebroed door de Amerikaanse oorlogsindustrie. Wij gingen ervan uit dat wij een foto konden schieten van de prins bij het toestel. Hoe naïef! Tot onze verrassing werden wij niet toegelaten tot de militaire basis. De Rijksvoorlichtingsdienst zei dat het om een besloten werkbezoek ging, niet voor publicatie bestemd. Die mededeling namen wij voor kennisgeving aan, maar daarmee hield de zaak natuurlijk niet op. Het maakte 't alleen maar leuker. Met de auto reden wij net zolang om het militaire complex heen tot wij via een gat in de heg en staand op een meegebracht keukentrapje, de zwarte Stealth in de verte op de landingsbaan zagen staan. Met een telelens schoten wij van grote afstand een spannende foto, waarop duidelijk te zien was hoe Willem-Alexander met zijn grote lijf via een ladder in de cockpit van het gevaarte klom. Een voorpaginafoto.

Achteraf begreep ik wel waarom het voor de prins niet een heel flatteus fotomoment was. Hem linken aan de oorlogsindustrie was in de ogen van de RVD op zichzelf al geen voortreffelijk idee, maar uitgerekend deze Stealth bleek op de tekentafel gezet door een samenwerkingscombinatie van vliegtuigbouwers Northrop en Lockheed. Met name bij deze laatste moest de jonge prins natuurlijk mijlenver uit de buurt blijven, gezien het omkopingsschandaal waaraan prins Bernhard in 1976 zwaar zijn vingers had gebrand. De prins heeft nooit echt moeilijk gedaan over de Stealth-foto en vond het in zijn hart misschien nog wel stoer ook. Er was gewoon sprake geweest van een tegenstrijdig belang. Sans rancune van beide kanten.

Protocollair uitglijdertje

Een andere memorabele botsing vond plaats eind jaren negentig. Collega-fotograaf Dalhuijsen had van de fotoredactie opdracht gekregen een plaatje van de prins te schieten tijdens een kort werkbezoek aan Schiphol. Bij dit fotomoment had hij een protocollair uitglijdertje gemaakt, door ten overstaan van een reeks collega-fotografen en officials in de richting van de prins te roepen: 'Alex, Alex!' Dalhuijsen had de prins even recht in zijn lens willen laten kijken, maar deze bleek totaal niet gediend van deze publieke familiariteit. Natuurlijk had de prins geen ongelijk. Er bestaan ongeschreven regels voor de omgang. Gebruikelijk is om tijdens het werk voldoende professionele afstand te houden, waarbij gekozen kan worden uit een scala van aanspreekvormen, variërend van: koninklijke hoogheid, meneer, of gewoon u. Maar: 'Alex, Alex' was natuurlijk geen optie. Het was allemaal niet zo'n ramp geweest, maar de prins besloot om het hoog op te nemen en dat ging mij – hoewel ik zelf niet bij het voorval aanwezig was geweest – nou ook weer wat te ver.

'Een Duitse streek...'

En zo kreeg de hoofdredactie van de krant daags na het gebeurde een telefoontje uit Den Haag. In opdracht van de prins deed mr. Hans van der Voet, hoofddirecteur van de RVD,

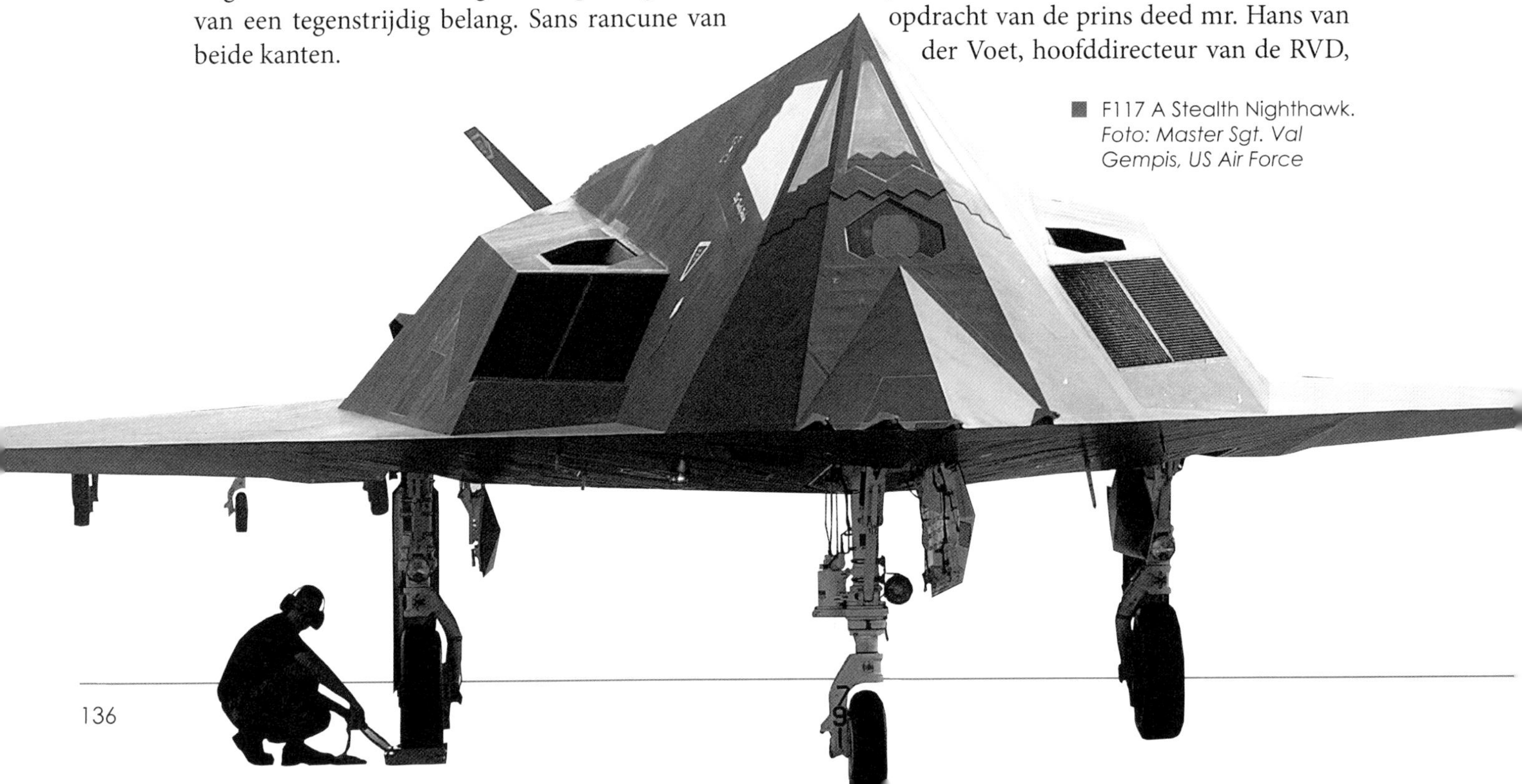

■ F117 A Stealth Nighthawk. *Foto: Master Sgt. Val Gempis, US Air Force*

zijn beklag over dit 'ontoelaatbare' voorval. Tijdens eerdere reizen naar Mandela en daarna Tanzania hadden wij de prins ook op heel informele wijze leren kennen, waarbij wij er wederzijds druk op los ge-'je' en -'jouwd' hadden. Natuurlijk was het niet oké geweest om de prins publiekelijk bij zijn voornaam te noemen. Maar gezien de gegroeide verstandhouding was het logischer geweest als de prins hem dit zelf bij een volgende gelegenheid in het oor had gefluisterd. Om nu de hoofddirecteur van de RVD zo'n demarche te laten ondernemen vonden wij op onze beurt een nogal 'Duitse streek'. Overigens lag de krant helemaal niet wakker van het telefoontje uit Den Haag, wij waren tenslotte niet bij de prins in dienst.

Opgerolde mouwen

Daarom besloten wij tot een kleine vergeldingsactie. Bij het eerstvolgende publieke optreden van de prins, een bezoek aan de Rijksluchtvaartschool in Hoofddorp, verschenen wij niet zoals gebruikelijk in colbert en stropdas, maar in ons alleroudste kloffie. In versleten spijkerbroek en vrijetijdshemd met opgerolde mouwen meldden wij ons in Hoofddorp. En op het moment dat er een foto gemaakt moest worden van de prins die een openingshandeling verrichtte, keken wij net de andere kant op en maakte Dalhuijsen geen foto. De prins had zich zichtbaar ongemakkelijk gevoeld met de situatie en dat was precies onze bedoeling. Er stond de volgende dag geen foto en geen stukje in de krant. De prins had duidelijk zijn grenzen aangegeven en wij nu ook de onze. Hiermee was de zaak afgedaan en gingen wij weer over tot de orde van de dag. Willem-Alexander deed hetzelfde.

'Verraad' in het Spaanse Water

De zojuist vermelde voorvallen zouden echter in het niet vallen bij de clash die ik in mei 1997 had met de prins, tijdens een reis naar de Nederlandse Antillen. In dat jaar bracht de Prins van Oranje een werkbezoek aan Curaçao, Aruba en Sint Maarten, om met eigen ogen de ravage te zien die orkaan Luis had aangericht in ons overzeese gebiedsdeel. Een nieuwe prachtige trip, die wij uiteraard niet aan ons voorbij lieten gaan.

Restaurant Neptunus

Om te acclimatiseren en het eiland te verkennen, waren wij twee dagen te vroeg op Curaçao neergestreken. Tijdens een lunch de volgende dag, op 11 mei 1997, liepen wij geheel bij toeval tegen een nieuwtje aan. De vriendelijke eigenaresse van Restaurant Neptunus vertelde, na gehoord te hebben wat het doel van onze reis was, dat Willem-Alexander recent een klein eilandje had gekocht in natuurreservaat Het Spaanse Water op Curaçao. Het was een opmerking uit de losse pols geweest van de restauranthoudster, maar als het waar was dat de 30-jarige prins zich zojuist een tropisch eiland had aangeschaft, dan was dit zeker vermeldenswaard. Omdat wij die dag verder niets te doen hadden, besloten wij een kijkje te nemen in de gelijknamige villawijk aan de rand van Willemstad.

'De laatste resten tropisch Nederland'

Natuurlijk was het oppassen geblazen. In een kleine eilandgemeenschap wordt heel wat afgekletst. Maar aan de andere kant weten eilanders ook veel over elkaar en blijft niets lang geheim. Dus wie weet klopte de informatie wel. Helemaal onlogisch zou dit tenslotte niet zijn: Willem-Alexander was gek op duiken, had een vliegbrevet, dus een eigen 'hut' op een mooi plekje in 'de laatste resten tropisch Nederland', waarom niet? De uitbater van jachthaven Spanish Waters Resort op Curaçao kon ons niet verder helpen. Maar in de chique villawijk met dezelfde naam, was het bij de eerste buurtbewoner die wij aanspraken direct raak. 'Een eiland?' reageerde de Antilliaan verbaasd. 'Nee, dat klopt niet. Maar Willem-Alexander heeft hier wel een huis, waar hij vaak komt.'

Een andere buurtgenoot die nieuwsgierig op het gesprek was afgekomen, ging nog een stap verder. Wijzend naar een landtong in het azuurblauwe water even verderop zei deze Antilliaan: 'Kijk, daar woont Joep van den Nieuwenhuyzen. De villa die je daar ziet op de punt van die landtong en dat grote jacht ervoor zijn van hem. Willem-Alexander woont daar pal naast!' Onze mond viel open. Zou Willem-Alexander op Curaçao écht de buurman zijn van de omstreden Brabantse bedrijvendokter Joep van den Nieuwenhuyzen?

Joep van den Nieuwenhuyzen: dé man van 1,35 miljard!

Een geheugenopfrissertje: Van den Nieuwenhuyzen kreeg in 1982 landelijke bekendheid als onderhandelaar en woordvoerder van de familie Van der Valk, tijdens de ontvoering van zijn schoonmoeder Toos van der Valk. De echtgenote van horecamagnaat Gerrit van der Valk, eigenaar van het gelijknamige wegrestaurantimperium De Toekan, werd in 1982 ontvoerd door Italiaanse criminelen. Na betaling van 12,5 miljoen gulden losgeld werd de vrouw na drie weken ongedeerd weer vrijgelaten. In de economische crisisjaren die volgden maakte 'schoonzoon' Van den Nieuwenhuyzen naam door slechtlopende en failliete bedrijven op te kopen en weer winstgevend te maken. Op zijn hoogtepunt was Van den Nieuwenhuyzen goed voor een geschat vermogen van 1,35 miljard gulden. Na verloop van tijd zou zijn imperium echter steeds verder afkalven en werd de eens zo succesvolle zakenman in verband gebracht met faillissementsfraude, omkoping en meineed. In 2013 werd Van den Nieuwenhuyzen, die altijd bleef ontkennen, veroordeeld tot 2,5 jaar celstraf.

Maar terug naar de speurtocht in mei 1997 naar het Antilliaanse huis van prins Willem-Alexander. Moeilijk te vinden was het huis van Van den Nieuwenhuyzen niet, mede door het kolossale jacht dat de Brabantse miljonair voor zijn deur had afgemeerd. Het ging de zakenman in die jaren nog duidelijk voor de wind.

Jan Sofat Nr. 192 en Nr. 180

De oprijlaan naar diens kapitale villa was afgesloten door een slagboom. Bezoek werd aangekondigd via een intercom. De kortste weg in de journalistiek is meestal de beste en dus belden wij aan. Kijken of we bij Van den Nieuwenhuyzen een stap verder kwamen.

De vriendelijke stem door de intercom bleek die van Ellis, de huisbewaarder cq. oppas van het gezin te zijn. Om het gesprek niet direct op Willem-Alexanders huis te brengen, zei ik dat wij een kort interview met haar baas wilden over de stormschade op het eiland en het aanstaande bezoek van de prins. Het werkte: Ellis deed de slagboom omhoog en legde ons uit hoe wij het beste naar de villa aan het water konden lopen. Staand in de deuropening vertelde de oppas, die ergens begin twintig was, dat Joep en zijn vrouw voor zaken in Maleisië waren.

Het eerste pad links gaat naar het huis van Willem-Alexander

Wij besloten er niet langer omheen te draaien en Ellis te confronteren met wat wij zojuist hadden gehoord: dat Willem-Alexander en Van den Nieuwenhuyzen buren van elkaar waren op Curaçao! De reactie van de jonge vrouw kon bijna niet spontaner. Met een brede lach zei ze: 'Jullie zijn er zojuist bijna langs gelopen. Zodra je de slagboom door bent splitst de weg zich. Het eerste pad naar links gaat naar het huis waar Willem-Alexander regelmatig verblijft, het andere pad loopt naar ons huis. Wij wonen op het ene puntje van de landtong op Jan Sofat 192 en Willem-Alexander op nummer 180.'

Ellis bleek goed geïnformeerd, want zij vertelde er spontaan bij dat Willem-Alexander wel regelmatig in het huis verbleef, maar dat de villa niet zijn eigendom was. Ellis: 'De eigenaar van het huis stelt het – laten we zeggen – aan Alexander ter beschikking.' Wie deze geheimzinnige weldoener dan wel was, wilde zij echter niet prijsgeven. 'Nee, die man wil graag anoniem blijven. Maar het is niet Joep of zijn schoonvader Gerrit van der Valk, dat kan ik je wel vertellen.'

Bounty-eiland

Voor een kort verhaaltje wisten wij eigenlijk wel genoeg. Het was in mijn ogen een onschuldig nieuwtje waar wij kort melding van konden maken in onze krantenreportage voor de volgende dag. Geen bounty-eiland, zelfs geen eigen villa voor de prins, maar wel een privélogeeradres in het Spaanse Water, van waaruit hij zich als sportduiker kon uitleven in de wondere onderwaterwereld op de Antillen. Niet zonder haar eerst te bedanken, namen wij afscheid van Ellis. Bij terugkeer in het Avila Beach hotel, waar inmiddels ook prins Willem-Alexander met zijn entourage was neergestreken, pakte ik mijn platte lichtgewicht reisschrijfmachine en begon een stukje te tikken voor de krant van de volgende dag. Het artikel was vooral een vooruitblik op het programma dat de prins de aankomende dagen stond te wachten. In het stukje vertelde ik en passant ook over het broodje-aapverhaal dat in Willemstad de ronde deed over het 'nieuwe huis' van de prins op Curaçao en meer specifiek hoe het verhaal écht in elkaar stak. Maar wat in mijn ogen was bedoeld als een volstrekt onschuldig opwarmertje voor de krantenlezers, zou nog een geheel onverwachte wending nemen.

Nadat ik mijn stukje had doorgebeld naar de krant in Amsterdam, besloot ik mijzelf te trakteren op een biertje in de hotelbar. Hier trof ik buiten een aantal collega's ook de particulier secretaris van de prins, mr. Jaap Leeuwenburg. Na diens aantreden in juli 1995 was van diverse kanten wat lacherig gereageerd omdat Leeuwenburg afkomstig was van de afdeling Crisisbeheersing en Rampenbestrijding van het ministerie van Binnenlandse Zaken. Dat was een inkoppertje geweest. Maar in de jaren die volgden wist Leeuwenburg uit te groeien tot de spil in het netwerk rond de prins dat hem zou voorbereiden op het koningschap. Er was vanaf het begin een klik tussen de twee mannen geweest en wie ook maar iets van de prins wilde, moest voortaan eerst langs Leeuwenburg.

Voor de pers was Leeuwenburg een joviale, makkelijk benaderbare man. 'Vertel het maar aan Japie,' was zijn vaste openingszin tegen journalisten die iets van hem of – beter gezegd – van de prins wilden weten. Niet dat 'Japie' ooit echt iets over de prins vertelde, maar hij wilde altijd wel graag weten wat er onder journalisten leefde. In die zin had je dus heel weinig aan de particulier secretaris, maar je kon altijd wel gezellig een biertje met hem drinken. En zo vertelde ik 'ome Japie' over de inhoud van mijn korte stukje dat ik zojuist had doorgebeld naar de krant. Leeuwenburg hoorde het aan, maar reageerde verder niet op de inhoud.

Particulier secretaris van de prins: 'Vertel het maar aan Japie!'

Des te verraster was ik met het telefoontje dat ik een uurtje later op mijn hotelkamer kreeg van deze vertrouwensman nummer één van de prins. Leeuwenburg had de prins geïnformeerd over de hoofdlijnen van mijn stuk en deze had zich hoogst ongelukkig getoond over de passage van het 'eigen huis' op de Antillen. 'Daar is hij helemaal niet blij mee,' sprak Leeuwenburg door de telefoon. 'Hij zegt ook dat dit helemaal niet zo is.' Ik probeerde Leeuwenburg gerust te stellen: in feite had ik het verhaal dat op Curaçao de ronde deed over een 'eigen eiland' cq. een 'eigen huis' juist ontzenuwd. Maar ik merkte wel dat mijn pogingen om wat lucht te brengen in de conversatie niet aansloegen. Bovendien kon ik er – zo ik dat al gewild zou hebben (wat niet het geval was) – toch niets meer aan doen gezien het tijdsverschil met Nederland. De drukpersen aan de Basisweg in Amsterdam draaiden en de eerste kranten rolden van de lopende band.

■ Mr. J.D. Leeuwenburg.

'Totale onzin'

'Dat juist jij dat nou geschreven hebt, was voor de prins een extra teleurstelling geweest,' waren de laatste woorden die Jaap Leeuwenburg aan het meningsverschil wijdde, vlak voor wij het gesprek beëindigden. Met dit laatste doelde de secretaris natuurlijk op de goede werkrelatie die er tussen de prins en mij in de loop der jaren was gegroeid. En die teleurstelling zou prins Willem-Alexander mij de volgende dag bij de start van zijn werkbezoek aan de Nederlandse Antillen, hoogstpersoonlijk – en nog publiekelijk ook – nog eens fors inpeperen. Toen journalisten het stukje in *De Telegraaf* de volgende dag opbrachten bij de prins tijdens een geïmproviseerde persbriefing, had deze als door een horzel gestoken gereageerd: 'Dat stuk in die krant is totale onzin!'

Ik weet nog wel betere plekken om te duiken, waar geen Nederlanders zijn.

Hierna was hij opgestaan ten teken dat het persmoment wat hem betreft ten einde was en had half wegdraaiend maar nog steeds duidelijk verstaanbaar zoiets gemompeld als: ik weet nog wel betere plekken om te duiken, waar geen Nederlanders zijn. Het waren twee forse versprekingen in één memorabele 'slip of the tongue' geweest, zowel ten aanzien van zijn Antilliaanse gastheren als zijn toekomstige onderdanen.

Faux pas

Een faux pas in boosheid gemaakt, die aantoonde dat een 'koning-in-opleiding' ook maar een mens van vlees en bloed is. In 1995 was de prins al eens eerder in de problemen gekomen door een ongelukkige uitspraak. Tijdens een ontmoeting met de Buitenlandse Persvereniging in het Haagse perscentrum Nieuwspoort had de toen 18-jarige Alexander zich laten ontvallen dat wat hem betreft de viering van Bevrijdingsdag op 5 mei in de toekomst kon worden afgeschaft.

Het was de persoonlijke mening van de prins geweest, die hem op een storm van kritiek kwam te staan, met name uit kringen van het voormalig verzet. In maart 2001 zou de prins verbaal nog een keer uit de bocht vliegen, toen hij zijn schoonvader Jorge Zorreguieta voor de camera's van de NOS onhandig in bescherming trachtte te nemen. Deze laatste werd ervan beschuldigd, een coördinerende rol te hebben gespeeld bij de staatsgreep in 1976 van dictator Jorge Videla. Onder verwijzing naar een ingezonden brief in de Argentijnse krant *La Nacion* probeerde Willem-Alexander de rol van Maxima's vader destijds bij deze coup te verdoezelen.

Prinses Maxima: 'Hij was een beetje dom.'

Later kwam uit dat Videla zelf de schrijver was geweest van de ingezonden brief en moest de prins bakzeil halen. Prinses Maxima deed de misplaatste galanterie van haar verloofde destijds af met de charmante uitspraak in een televisie-interview: 'Hij was een beetje dom.' Een uitspraak die aanvankelijk spontaan overkwam, maar die achteraf van a tot z bleek te zijn ingestudeerd op last van de toenmalige minister-president Wim Kok. Daarmee was de kous afgeweest.

Emily Bremers

Wat betreft de uitglijder van Willem-Alexander in mei 1997 over het 'eigen huis'-artikel hoef je geen psycholoog te zijn. Natuurlijk klopte het verhaal dat hij regelmatig incognito naar de Antillen reisde om er te duiken en hier kennelijk de beschikking had over een huis en een jacht van – laten we zeggen – 'een bevriende relatie'. Als deze informatie niet had geklopt, was hij natuurlijk nooit zo boos geworden over het stukje in de krant.

Wat ik mij als schrijver hiervan echter volstrekt niet had gerealiseerd, was dat ik waarschijnlijk één van zijn lievelingsplekjes had prijsgegeven, waar hij nog ongezien privé kon komen. De prins had in die dagen al ruim drie jaar een hechte relatie met Emily Bremers. Deze verhouding werd door hemzelf, zijn adviseurs en de RVD zorgvuldig en krampachtig buiten de publiciteit gehouden. De privacy van zijn privéleven is voor de prins begrijpelijk een groot goed. En natuurlijk had zijn uitspraak over de 'betere duikplekken', waar hij geen landgenoten (waarschijnlijk doelde hij op lastige journalisten) tegen het lijf zou lopen, in die context bedoeld. Bij het schrijven van mijn verhaal had ik mij dit onvoldoende gerealiseerd.

De boosheid over het voorval duurde een paar weken. Hierna zette hij er een punt achter en gingen wij verder alsof het hele incident niet had plaatsgevonden.

Het geheim van Shanghai

Primeur op een Zilveren Dienblad

Het staatsbezoek dat koningin Beatrix in april 1999 zou afleggen aan de Volksrepubliek China, was niet onomstreden. Eerder, in 1989, was een Nederlands staatsbezoek op het allerlaatste moment afgeblazen, vanwege het bloedbad dat het Chinese volksleger toen aanrichtte onder 'pro-democracy'-demonstranten op het Plein van de Hemelse Vrede (Tiananmen Square). En nu, tien jaar later, zou de Nederlandse vorstin de Chinese president Jiang Zemin alsnog met een bezoek vereren, terwijl het met de mensenrechten in China nog altijd belabberd was gesteld?!

■ Prof. Jonathan Sanders. *Foto: Dimitri Beliakov*

Jonathan Sanders, een goede vriend uit New York, bracht mij begin 1999 op het idee om, voorafgaand aan het staatsbezoek van de koningin, twee Chinese topdissidenten – Liu Qing en Liu Nianchun – te interviewen over de mensenrechtensituatie in hun land.

Professor Sanders was als adjunct-directeur en docent Russische geschiedenis verbonden geweest aan het prestigieuze Harriman Institute van Columbia University in New York. Tijdens de glasnostjaren van Michael Gorbatsjov werkte hij bij de Amerikaanse televisiezender CBS als Moskou-correspondent. Hij was een revolutiespecialist en dissidentenkenner en zijn suggestie om juist met deze twee dissidenten vooruit te blikken op het Nederlandse staatsbezoek, leek mij geknipt voor het moment.

Interview met twee Chinese topdissidenten

Liu Qing, de oudste van de twee broers, werd in 1992 verbannen uit China, na een gevangenisstraf van negen jaar te hebben uitgezeten voor zijn leidinggevende rol in de democratiseringsbeweging 'Wall of Democracy'. Ook zijn jongere broer Nianchun spendeerde als activist vele jaren in werkkampen en in geïsoleerde opsluiting, alvorens hij eind 1998 door China werd uitgewezen en hij zich – net als zijn broer – in New York vestigde. En dus vloog ik begin 1999 naar New York voor een interview met de broers Liu.

Koningin Beatrix was overigens niet het enige staatshoofd dat China in die dagen met een bezoek vereerde. Regeringsleiders uit alle hoeken van de wereld liepen in het Chinese Jaar van het Konijn de schoenzolen plat om een graantje mee te pikken van de economische tsunami die zich in China voltrok.
Dat er eind jaren negentig nog steeds 200.000 Chinezen zonder vorm van proces in de gevangenis zaten, duizenden Tibetaanse monniken werden gemarteld en verbannen en ruim 2000 Chinezen werden geëxecuteerd wegens gepleegde misdaden, dreigde door de economische omwenteling geheel naar de achtergrond te verschuiven.
Ik ontmoette Qing en Nianchun begin 1999 op

■ Dissident Liu Nianchun: jaren geïsoleerde opsluiting en dwangarbeid in werkkampen.

de 33ste verdieping van het Empire State Building in New York, waar in suite 3309 het hoofdkantoor was gevestigd van mensenrechtenorganisatie Human Rights in China. Via een tolk wonden beide broers er geen doekjes om hoe zij aankeken tegen het voorgenomen bezoek van de Nederlandse koningin aan hun land.

'Het bezoek van uw koningin zou een vals signaal geven aan de Chinese bevolking!'

Liu Qing: 'Het is eigenlijk niet gepast om op dit moment te gaan. De Chinese regering zal het Nederlandse bezoek gebruiken als bewijs dat de rest van de wereld instemt met wat er in China gebeurt. Dat China welkom is in de wereld en alles er oké is. Het bezoek van uw koningin zou een vals signaal geven aan de Chinese bevolking.'

En al even direct als zijn oudere broer, vulde Liu Nianchun aan: 'Wij begrijpen dat een staatsbezoek moeilijk valt te plannen. Maar nu Beatrix toch gaat, kan dat alleen als zij president Jiang Zemin een lijst met namen overhandigt van politieke gevangenen en erop aandringt hen zo snel mogelijk vrij te laten.
Wij beschouwen koningin Beatrix als de leider van één van de meest ontwikkelde democratische landen van Europa. Als tijdens haar staatsbezoek deze boodschap van "vrijheid en democratie" namens "het volk van China" niet wordt afgeleverd bij de Chinese machthebbers, dan is de hele trip waardeloos en had zij niet hoeven gaan.'

Harde kritiek van de broers Liu aan de vooravond van het toch al zo omstreden staatsbezoek. *De Telegraaf* publiceerde het paginagrote interview in de dikke zaterdagkrant van 10 april 1999, onder de kop: 'Chinese dissidenten zoeken steun bij Beatrix'. Precies twee dagen voor de start van het staatsbezoek. Wat ik toen nog niet kon bevroeden was dat de Nederlandse vorstin drie dagen later in Beijing, precies datgene zou doen wat de twee broers van haar hadden verlangd in hun publieke oproep via de krant.

Hommage aan de gesneuvelden bij het bloedbad van 1989

Bij de aftrap van het staatsbezoek aan de Volksrepubliek China op maandag 12 april 1999 maakte Beatrix direct een symbolisch gebaar in de Chinese hoofdstad. Terwijl president Jiang Zemin zijn Nederlandse gasten in het voorportaal van The Great Hall of the People aan de oostzijde van het Plein van de Hemelse Vrede ter begroeting stond op te wachten, reden koningin Beatrix, prins Claus en Willem-Alexander met hun gevolg precies aan de andere kant van het reusachtige plein bewust over een historisch beladen plek: de plaats waar in juni 1989 een demonstrant in zijn eentje met gespreide armen de doortocht van een colonne tanks had versperd. De filmbeelden waren de hele wereld over gegaan. Het was een bewust gebaar van het Nederlandse gezelschap, bedoeld als hommage aan dit dramatische beeld van menselijke moed en de honderden Chinese demonstranten die bij het bloedbad dat jaar op Tiananmen Square sneuvelden.

En het bleef niet bij dit ene symbolische gebaar. Ook tijdens het staatsbanket 's avonds in de Banquet Hall in Beijing greep koningin Beatrix de kans om haar zorg over de mensenrechtensituatie in China onder vier ogen met haar gastheer te bespreken. Tot verrassing van de Nederlandse vorstin bleek president Jiang Zemin geen enkele moeite te hebben om dit politiek gevoelige onderwerp met zijn gast door te nemen. De Chinese leider bleek de Engelse taal machtig en sprak met prins Claus zelfs een woordje Duits en Frans.

Koningin Beatrix reed als eerbetoon over het plein van de Hemelse Vrede, waar in 1989 deze wereldberoemde opname werd gemaakt. Latere pogingen om deze dappere demonstrant op te sporen zijn nooit geslaagd. *Foto: AP/ Hollandse Hoogte*

De openhartige gedachtewisseling tussen beide staatshoofden zou een lans breken voor de goede sfeer waarin het staatsbezoek in de dagen die volgden zou worden afgewikkeld. Prins Claus verwonderde zich over de metamorfose die China had doorgemaakt sinds hij er samen met Beatrix in 1977 voor het laatst was geweest. Stiekem had hij vooraf gehoopt dat hij met zijn echtgenote op een rustig moment tijdens het bezoek een fietstochtje door de Chinese hoofdstad zou kunnen maken. Door de onvoorstelbare verkeerschaos in Beijing was dat anno 1999 een utopie.

'Willen wij dergelijke rampen voorkomen, dan moeten wij de rivieren de ruimte geven die wij hebben afgepakt.'

■ Prins Willem-Alexander: 'Ik weet niet of je het gezien hebt, maar toen wij net de trap op gingen kwam de president van Portugal juist naar beneden.'

Willem-Alexander volgde tijdens het staatsbezoek zijn eigen programma, waarbij hij zich kon uitleven op zijn aandachtsveld: watermanagement. Tijdens zijn openingsspeech op het Chinees-Nederlandse Symposium over Waterbeheer in Beijing wees de prins op het belang anders te leren omspringen met het beheer van rivieren. Tijdens een natuurramp in China het jaar ervoor waren 3000 mensen omgekomen bij overstromingen en werden 5000 huizen verwoest.

'Willen wij dergelijke rampen in de toekomst voorkomen, dan moeten wij de rivieren de ruimte teruggeven die wij hebben afgepakt. Ook al zou dit betekenen dat bestaande gebouwen moeten worden afgebroken en boerengrond geconfisqueerd voor de aanleg van opvangreservoirs,' aldus de watermanager.

In Shanghai bezocht de prins de zwaar vervuilde Suzhou Kreek en bekeek hij hoe de Chinese overheid hier met een miljardeninvestering de waterverontreiniging te lijf ging. De prins hield zijn gastheren voor dat het naderende millennium een goed moment zou zijn om te beseffen dat toegang tot schoon water een basisrecht voor iedereen zou moeten zijn. Hij wees erop dat jaarlijks vier miljoen kinderen stierven aan ziektes die met slechte waterkwaliteit te maken hebben. Hardop vroeg hij zich af: 'Hebben wij de kennis, de vindingrijkheid én de politieke wil om toekomstige generaties van schoon water te voorzien?'

Grap op de Chinese Muur

Gelukkig was er ook tijd voor luchtigheid tijdens het zwaar aangezette staatsbezoek. Op de derde dag had prins Willem-Alexander een verrassing in petto voor de mensen in zijn gevolg tijdens de excursie naar de Chinese Muur. Bij het beklim-

■ De prins maakt met zijn eigen camera een snapshot van de Chinese Muur bij Badaling: 'Moet je zien wat een mysterieus gezicht.' *Foto: Rob Knijff*

men van de trappen (hellingspercentage oplopend tot boven de 35 procent) ontwikkelde de 31-jarige prins zo'n klimtempo dat het gros van de volgers al snel op apegapen lag. Een typische Alexandergrap! Toen hij erop werd gewezen dat tot de afvallers ook particulier secretaris Jaap Leeuwenburg behoorde, zei hij lachend: 'Particulier secretarissen worden toch om de vier jaar gewisseld. Hij heeft geluk dat ik mij met watermanagement bezighoud en niet met murenmanagement.' 'Zal ik uw tas even dragen?' vroeg hij en passant aan een fotograaf die hevig transpirerend het tempo niet kon bijhouden. 'Ik weet niet of je het gezien hebt, maar toen wij net de trap op gingen kwam de president van Portugal juist naar beneden,' fluisterde de prins in mijn richting, terwijl hij het tempo opvoerde dat ik als één van de weinigen net kon volgen.

De oude Alexander

Halverwege pauzeerde de prins een moment om te genieten van het uitzicht bij Badaling. 'Moet je zien wat een mysterieus gezicht: in de verte zie je opeens weer flarden Muur uit de mist tevoorschijn komen.' Wijzend op het dal ver beneden ons voegde hij er met een vrolijke noot aan toe: 'Misschien kunnen we daar nog een stuwdammetje aanleggen. Hebben we weer elektriciteit en zo.' En wijzend op een stel Chinese militairen langs de route: 'Moet je zien: die mannen springen direct in de houding. Het is mij opgevallen dat ze ook bij het leger in China maar twee maten kennen: te groot en te klein.'

Dit was de Alexander die ik goed had leren kennen tijdens eerdere buitenlandse reizen. Ontspannen en ad rem, terwijl zijn gevolg luchthappend in zijn spoor probeerde te blijven. Een dag later zou ik er op een wel heel bijzondere manier achter komen, wat de reden was dat Alexander deze practical joke had uitgehaald met zijn gezelschap.

Donderdag 15 april 1999 – Een onverwachte wending: 'Ik moet je even spreken!'

Het gebeurde volstrekt onverwacht op de vierde dag van het staatsbezoek. Voor koningin Beatrix en prins Claus stond 's ochtends een bezoek op het programma aan het Shanghai Museum, dat naast antieke kunst en schilderijen ook de mooiste collectie Chinees aardewerk en porselein etaleert. Terwijl het koninklijk paar aan de lippen hing van de museumconservator en zich vergaapte aan een bronzen klokkenspel ('Zongh') uit de 9de eeuw voor Christus dat recent (1992) was opgegraven in de Shanziprovincie, werd ik in de achterhoede van dit gezelschap plotseling door een bekende op de schouder getikt.

Toen ik omdraaide keek ik in het vriendelijke gezicht van Eef Brouwers, de hoofddirecteur van de Rijksvoorlichtingsdienst. Brouwers was in dienst van het ministerie van Algemene Zaken en verantwoordelijk voor de woordvoering over het Koninklijk Huis, de minister-president en zijn kabinet. In deze functie in het centrum van de Haagse politieke macht, was hij een belangrijke speler voor journalisten.

Zelf oud-journalist, bewoog Eef zich schijnbaar moeiteloos door deze wereld van royalty, politiek en pers. Brouwers had in zijn jonge jaren gewerkt als presentator van *Studio Sport* en aansluitend als nieuwslezer bij het *NOS-journaal*. Daarna was hij hoofdredacteur van het *Nieuwsblad van het Noorden*, tot hij in 1983 overstapte naar Philips. In 1995 volgde zijn benoeming tot hoofddirecteur van de RVD, waar hij tot zijn pensioen in 2004 zou blijven.

'Als jouw collega's ons hier samen zien, dan kan het al niet meer doorgaan.'

'Ik moet je even spreken,' sprak Eef op gedempte toon, 'loop even mee.' En terwijl wij ons in het Shanghai Museum losmaakten van het koninklijk gezelschap, maakte hij mij zo mogelijk nog nieuwsgieriger door de raadselachtige toevoeging: 'Als jouw collega's ons hier samen zien, dan kan het al niet meer doorgaan.'

'Kroonjuwelen'

De contacten met Brouwers waren tot dan toe altijd plezierig geweest. Eef wist hoe de hazen liepen. De contacten bleven altijd vrij formeel, maar dat was logisch gezien de eenzijdige reikwijdte van zijn functie. De 'kroonjuwelen', om het zo maar te zeggen, zaten bij Eef wel veilig. Grote primeurs of sappig nieuws hoefde je van hem niet te verwachten. Des te verrassender was het onderonsje dat ik nu achter een museumpilaar met hem stond te voeren.

De RVD had één voorwaarde

Ik stelde Brouwers voor om later die dag op mijn hotelkamer verder te praten. Beiden logeerden wij in het fraaie Shanghai Garden Hotel, waar de hele koninklijke santenkraam verbleef. De meegereisde journalisten, zo'n 35 in getal, overnachtten ergens op veilige afstand in een ander hotel. Dit was door de Rijksvoorlichtingsdienst zo geregeld om de royals genoeg privacy te geven.
Exact om die reden had ik de gewoonte ontwikkeld om bij dit soort reizen mijn eigen hotelarrangementen te treffen. Geen enkele andere journalist deed dit. En zo logeerde ik, net als de koninklijke gasten en hun gevolg, als enige scribent in het Shanghai Garden Hotel. Een vooruitziende blik die nu voortreffelijk uitpakte.

Eef Brouwers – De brenger van een bijzondere boodschap. *Foto: Patrick Meis*

Op het afgesproken tijdstip, 20.00 uur, werd die avond op mijn hoteldeur geklopt. De RVD-baas liet zijn blik kort rondgaan door mijn ruim bemeten onderkomen en kon een reactie niet onderdrukken: 'Verrek, jij hebt een veel grotere kamer dan ik. Hoe kan dat?' Inderdaad was bij het inchecken de dag ervoor vermoedelijk een foutje gemaakt.
Nadat ik bij het receptiemeisje had geklaagd over de lange wachttijd veroorzaakt door het inchecken van het koninklijk gezelschap, was ik even snel tussendoor geholpen en in een riante suite beland. Deze bestond uit een woonkamer en een aparte slaapkamer, met uitzicht. Achteraf gezien zou het zomaar kunnen dat ze mij per ongeluk in de kamer van Eef Brouwers hadden gestopt. Wie zal het zeggen?

Nadat ik een glas whisky voor ons beiden had ingeschonken viel Brouwers niet direct met de deur in huis. Hij verbond eerst een voorwaarde aan het gesprek dat wij op het punt stonden te beginnen.

Een koninklijke primeur op een zilveren dienblad

'Ik wil je iets vertellen over prins Willem-Alexander, maar ik doe het alleen als je kunt beloven dat het een mooie plek krijgt in de krant.' Ik viel bijna van mijn stoel door deze openingszin. Begreep ik goed dat de koningin én prins Willem-Alexander hun officiële woordvoerder, de hoofddirecteur van de Rijksvoorlichtingsdienst, naar mij toe hadden gestuurd om een kennelijk nogal urgent verhaal te vertellen? Ik was wel wat gewend in de 25 jaar die ik in de journalistieke frontlinie bivakkeerde, maar dit was even spectaculair als ongebruikelijk. Een journalistieke buitenkans opgediend in een fraai decor, onder het genot van een glas whisky.

Natuurlijk wist Brouwers als oud-krantenman dat ík hem geen garanties kon geven over de plek waar een verhaal uiteindelijk in de krant terechtkomt. Zo'n besluit neemt de eindredactie in samenspraak met de hoofdredacteur. Dus stelde ik Brouwers voor om vanuit Shanghai een rechtstreeks telefoontje te plegen naar de redactie in Amsterdam. In Shanghai was het donderdagavond en liep de klok richting 21.00 uur, in Amsterdam was het al vrijdag en de nieuwe werkdag net begonnen.

'Als het een mooi verhaal is, zet ik het op pagina 1.'

Hoofdredacteur Johan Olde Kalter, die wij op de redactie 'Johnnie O.K.' noemden, was een generatiegenoot van Brouwers. De twee kenden elkaar goed. Ik hoefde Olde Kalter telefonisch verder niet te overtuigen. 'Als het een mooi verhaal is, zet ik het op pagina 1,' was het korte antwoord. Mooier kon niet, vooral niet voor Brouwers. Want wij hadden het hier over *de Telegraaf*-voorpagina van zaterdag 17 april 1999. De oplage van deze dikke weekeindkrant stond destijds op een historisch hoogtepunt en werd gedrukt in een recordoplage van één miljoen exemplaren.

De ziekte van Besnier-Boeck

Nadat aan alle voorwaarden was voldaan, stak de officiële woordvoerder van de koninklijke familie van wal. Bij Willem-Alexander bleek in 1991 de ziekte van Besnier-Boeck te zijn vastgesteld. De ziekte van Besnier-Boeck, ook wel sarcoïdose genoemd, is een auto-immuunziekte waarbij het afweersysteem zich tegen de eigen organen en weefsels keert, die abusievelijk als 'lichaamsvreemd' worden beschouwd. De aandoening werd in 1991 bij de Prins van Oranje geconstateerd toen hij in het Haagse Bronovoziekenhuis een keuring onderging voor zijn duikbrevet.

Hierbij werden op röntgenfoto's een aantal grote vlekken geconstateerd op de longen van de kroonprins. Op 1 mei dat jaar, de dag na Koninginnedag, onderging de prins een operatie in het Haagse Bronovoziekenhuis, waarbij longweefsel werd weggehaald om te zien wat er mis was. Een patholoog-anatoom constateerde dat het om Besnier-Boeck ging. Deze tijding, zo verzekerde Brouwers, vervulde het koninklijke gezin aanvankelijk met grote zorg. Ook voor de patiënt zelf betekende deze vaststelling een domper. Maar uit regelmatige controles – eerst om de drie maanden, vervolgens ieder half jaar, daarna eens per jaar en vervolgens om de twee jaar – bleek dat de ziekte vanzelf langzaam verdween.

Brouwers: 'De situatie is nu zo dat er niets tot nagenoeg niets meer te vinden is. Als er op dit moment een foto gemaakt zou worden van de longen van de prins, zou dit geen enkele aanwijzing geven om nog te denken aan de ziekte van Besnier-Boeck.'

Zware medicijnen niet nodig

Volgens Brouwers had de prins nooit lichamelijke klachten gehad zoals algehele malaise, koorts of kortademigheid. Ook niet vlak na de constatering begin 1991. Omdat de ziekte zich nooit verder had ontwikkeld dan het eerste stadium, hoefde de prins geen zware medicijnen te gebruiken, zoals corticosteroïden, een geneesmiddel met forse bijwerkingen, zoals gewichtstoename en een opgeblazen gezicht. Dat de ziekte hem – acht jaar na de ontdekking ervan – geen parten meer speelde had hij tijdens de beklimming van

■ Op deze foto is goed te zien hoe steil de trappen van de Chinese Muur plaatselijk kunnen zijn. De plotselinge demarrage van de prins van Oranje richtte een slagveld aan onder de meeste volgers.

de Chinese Muur duidelijk gedemonstreerd. Het was een zoete overwinning geweest, op zichzelf.

'Brouwersgate'

Het verhaal nam de volgende morgen bijna de hele voorpagina in beslag. Alle nieuwsmedia namen het nieuws over. Hoe was ik in hemelsnaam tijdens een staatsbezoek aan dit verhaal gekomen, vroegen de collega's zich af? Nu, zovele jaren na dato, is dit 'Brouwersgate'-verhaal te mooi om niet te vertellen. Het was duidelijk dat prins Willem-Alexander, in overleg met het staatshoofd, had besloten om dit persoonlijke verhaal op deze wijze naar buiten te brengen. Een even ongebruikelijke als veelzeggende geste, die ik uiteraard zeer op prijs heb gesteld.

We hadden in de jaren ervoor veel mooie avonturen gedeeld, een enkel meningsverschil overwonnen, maar de persoonlijke verhoudingen waren intact gebleven.

Het Opperhoofd van de Grote Wigwam

Willem-Alexander: meer Juliana dan Beatrix

In de lobby van het Intercontinental Hotel in Zagreb (Kroatië) vroeg ik prins Willem-Alexander eind maart 1995 of hij tijd had om een glaasje 'Spa' te drinken in de hotelbar.

In het chique vijfsterrenhotel baarde de prins nogal opzien in zijn militaire camouflagepak met logo van de VN-Vredesmacht UNPROFOR, inclusief bijbehorende blauwe helm en kogelwerend vest van zo'n 13 kilo. Als co-piloot op een F27 van de Koninklijke Luchtmacht had de prins een tussenstop gemaakt in Kroatië, om de volgende dag door te vliegen naar oorlogsgebied in voormalig Joegoslavië. Doel was een bliksembezoek aan de Nederlandse blauwhelmen van het 13de Infanteriebataljon Luchtmobiel in Srebrenica. Deze eenheid, kortweg Dutchbat III gedoopt, was speciaal belast met de bescherming van de zwaar onder vuur liggende moslimbevolking in deze enclave.

Niemand kon op dat moment bevroeden dat uitgerekend dit Nederlandse bataljon (onder commando van kolonel Thom Karremans), drie maanden later betrokken zou raken bij een gitzwarte bladzijde in de desastreus verlopende Balkanoorlog. Machteloos en tot op het bot vernederd hadden de Nederlandse Dutchbatters in juli 1995 moeten toekijken hoe het doorgedraaide leger van de Servische generaal Ratko Mladic genocide pleegde op meer dan 7000 moslimmannen en -jongens. Bosnische burgers die onder bescherming stonden van de Nederlandse blauwhelmen. De gebeurtenis zou jaren later (2002), na een vernietigend rapport van het Nederlands Instituut voor Oorlogsdocumentatie (NIOD), alsnog leiden tot de val van het paarse kabinet-Kok II.

Maar nu terug naar de drukke hotellobby in de Kroatische hoofdstad, eind maart '95. Omdat ik van het ministerie van Defensie in Den Haag geen toestemming had gekregen om de prins op zijn missie naar oorlogsgebied te vergezellen, was ik naar Zagreb gevlogen om de co-piloot Van Oranje tijdens zijn tussenstop toch een paar vragen te kunnen stellen over zijn trip.

'Je weet best dat ik geen water drink,' sprak de tweede piloot met een quasi-vies gezicht

Mijn uitnodiging om samen een spaatje te drinken aan de hotelbar, was er uiteraard één met een knipoog, die de prins behendig pareerde. 'Je weet best dat ik geen water drink,' reageerde hij met een quasi-vies gezicht. En zo zaten wij – de avond had net ingezet – even later met een andersoortige versnapering aan de hotelbar. Uiteraard was hij niet alleen. Tot de onvermijdelijke entourage van de co-piloot Van Oranje op deze missie behoorden: lt.-kol. Doede Keuning, naast adjudant van de koningin ook nog een aardige kerel die ik van eerdere reizen kende, defensieman majoor Henk Schenker en F-27 piloot De Kruif.

In dit kleine, voor hem vertrouwde gezelschap toonde de prins zich in opperbeste stemming. 'Afgelopen zaterdag stond ik nog in jacquet in Sevilla en nu sta ik hier in camouflagepak. Zo kom ik in ieder geval aan m'n vlieguren,' had het met bravoure geklonken. Maar de luchtige manier waarop hij zijn woorden koos, zorgde eveneens voor een informele sfeer waarbij mensen zich snel op hun gemak voelen.

De prins vertelde dat hij de volgende morgen, zelf achter de stuurknuppel, zou doorvliegen naar Logbase in het zuiden van Kroatië, de logistieke uitvalsbasis van de VN aan de Adriatische kust. Hier zou hij overstappen in een Super Puma-gevechtshelikopter en vervolgens – diep in oorlogsgebied – in een gepantserde Landrover, om met eigen ogen de finaal kapotgeschoten Bosnische hoofdstad Sarajevo te zien.

De overnachting zou plaatsvinden in de directiekamer van een vervallen fabrieksgebouw en eenmaal bij Dutchbat in gepantserde containers. De missie langs de oorlogspuinhopen in het besneeuwde Srebrenica zouden een blijvende indruk op hem maken. Een schriller contrast met het jacquet van luttele dagen ervoor en het gerieflijke vijfsterrenhotel in Zagreb, was nauwelijks denkbaar.

'Wat moet ik eigenlijk doen als wij morgen aankomen in Logbase? Moet ik daar nog mensen officieel begroeten of iets dergelijks?' In de drukbezochte barruimte zorgde het hese stemgeluid van de Braziliaanse zangeres Astrud Gilberto voor een sfeervolle omlijsting van de conversatie. En omdat de prins zijn protocollaire vraag niet aan iemand in het bijzonder had gesteld, zei ik: 'Je wacht gewoon tot er iemand met een blauwe baret op je afkomt en dan zeg je: "Zo, hoe gaat het hier?"' Mijn suggestie veroorzaakte een lach van oor tot oor op het gezicht van de vragensteller.

In de licht jolige sfeer vroeg ik of er nog gevaren kleefden aan zijn bezoek. 'Toch een beetje "linke missie",' probeerde ik. 'Waarom ga je niet gewoon mee?' kaatste de prins terug, wetende dat het ministerie van Defensie mijn verzoek hiertoe net naar de prullenmand had verwezen. Om hier in ernst aan toe te voegen: 'Ik heb tegen de Nederlandse regering en de minister van Defensie gezegd: 'Als het veilig genoeg is voor de Nederlandse militairen die er zitten, dan is het ook veilig genoeg voor mij.'

'Waarom ga je niet mee op staatsbezoek naar Israël?'

Er speelde nog iets anders in die dagen waar ik graag zijn mening over wilde. Moeder Beatrix en prins Claus zouden in datzelfde jaar een aantal staatsbezoeken afleggen: van 27–29 maart 1995 aan Israël en van 21–31 augustus aan Indonesië. Het was mij in de draaiboeken opgevallen dat de Prins van Oranje wel mee zou gaan naar Indonesië, maar niet naar Israël. Ik vroeg mij af of daar een speciale reden voor was en vroeg: 'Waarom ga je niet mee op staatsbezoek naar Israël?'

Hij keek mij met gefronste wenkbrauwen aan, trok zijn schouders een beetje op en antwoordde zonder een seconde na te denken: 'Dat moet je aan het Opperhoofd in de Grote Wigwam vragen!'

Het was de ongeremde, geestige manier waarop hij zijn moeder – het staatshoofd – van deze eretitel voorzag, die mij aan het lachen maakte. Hij trok er een gezicht bij alsof hij echt geen flauw idee had waarom hij niet was uitgenodigd voor de reis naar Israël. Zo van: 'Dat moet je haar zelf maar vragen, het kan mij geen bal schelen.'

Een autonome houding en... de 'Bakkerswinkel' van zijn moeder

Het is goed om in dit laatste hoofdstuk kort stil te staan bij deze schijnbaar uit de losse pols gemaakte opmerking. Een kwinkslag van dezelfde categorie als het antwoord dat hij ooit gaf aan schrijfster Renate Rubinstein – vlak voor zijn achttiende verjaardag – op de vraag waarom hij op zijn zestiende naar een kostschool in Engeland was gestuurd. Ad rem had hij hierop geantwoord: 'Ik vond mij zelf niet lastig en mijn ouders vonden zichzelf niet lastig, maar wij vonden elkaar behoorlijk lastig.'

'BV Oranje'

Naast amusant was het bepaald gedurfd, om moeder Beatrix als 'Opperhoofd van de Grote Wigwam' af te schilderen, tegenover mij, een journalist. Je ziet de krantenkoppen in gedachten al voor je. Binnen het journaille werd natuurlijk wel vaker licht oneerbiedig de draak gestoken met de 'BV Oranje'. Dat Willem-Alexander zich aan het 'warmlopen' was om de 'bakkerswinkel' van zijn moeder over te nemen was één van de grappen, naast discussies over de 'uiterste houdbaarheidsdatum' van het overerfelijke koningschap.

Dat de toekomstige ceo van deze BV – vrijmoedig keuvelend aan de hotelbar in Zagreb – zelf een bijdrage leverde aan deze bron van vermaak, was ronduit hilarisch. Ik heb beide voorbeelden gekozen omdat deze naar mijn mening treffend de autonomie van de hoofdpersoon in dit boek illustreren. Een onderbelichte eigenschap die mensen vaak verrast.

Op eigen benen

Laten we tot slot nóg een echt Alexandermoment onder de loep nemen. Tijdens een televisie-interview in 1997 met Paul Witteman, verraste de 30-jarige Prins van Oranje met de opmerking dat hij als koning later vergeleken zou willen worden met Juliana.

Wat beoogde hij met deze uitspraak? Er sprak bewondering voor zijn grootmoeder uit, akkoord, maar een slecht verstaander kon er even goed een problematische moeder-zoon-relatie in zien. In het bewuste interview zei hij er zelf over: 'Ik word natuurlijk door contacten met mijn moeder erg door haar beïnvloed. Zij is mijn adviseur nummer 1 en voorgangster. Dus op het moment dat je het ambt overneemt zal veel van haar overgenomen worden. Maar qua affiniteit denk ik toch iets meer aan [de regeerstijl van] mijn grootmoeder.'

Er stak meer achter deze woorden. In feite deed Willem-Alexander precies hetzelfde als Juliana en Beatrix zelf ook hadden gedaan – in respectievelijk 1948 en 1980 – toen zij het stokje van hún voorganger overnamen.

Na de abdicatie van Wilhelmina in 1948 brak Juliana rigoureus met allerlei gewoonten van haar moeder. Zo ging de stijve, afstandelijke regeerstijl van Wilhelmina als eerste overboord. Deze paste helemaal niet bij Juliana's karakter, die veel dich-

■ Koningin Juliana met haar onafscheidelijke hondje N'Zara (roepnaam: Zara). Dit rashondje, een Basenji, heeft als bijzonderheid dat het niet kan blaffen (wel geluid maken). Oorspronkelijk komt dit hondje uit de Congo, waar het o.a. werd gebruikt bij de leeuwenjacht. In de Bantoe-taal betekent Basenji 'boshond'.

ter bij het volk wenste te staan. Het had niets te maken met Juliana's appreciatie voor haar moeder; alles met het feit dat zij op eigen benen wilde staan en niet in de voetsporen van haar voorgangster wilde belanden.

Beatrix had op haar beurt in 1980 niets op met de populistische, moederlijke aanpak van Juliana. Op haar achttiende liet Beatrix haar Leidse studievriendinnen al weten, dat het voortaan afgelopen was met tutoyeren. Zij keerde terug naar de distantie van Wilhelmina. Haar eerste wapenfeit als vorstin was een grondige reorganisatie van haar hofhouding. Er kwam een strak geleide bedrijfsvoering, met een chief executive officer aan de top van de piramide: Beatrix! Medewerkers binnen het koninklijke bedrijf werden om de vier jaar vervangen, om een te ruime blik achter de schermen en daarmee invloed te beperken.

Slimme move uit het handboek troonopvolger

Zowel Juliana als Beatrix kozen voor de eigen aanpak. Toen Willem-Alexander in 1997 schijnbaar vanuit het niets zijn affiniteit verkondigde met de regeerstijl van zijn oma, was dit bovenal een slimme zet uit het handboek troonopvolger. Door zich openlijk in Juliana's schaduw te nestelen, wendde hij op voorhand het risico af voortdurend te worden vergeleken met zijn veel geprezen voorganger.

Een tactische zet die goed zou uitpakken. Uit een opiniepeiling van *EenVandaag*, uitgevoerd vlak vóór de kroning in 2013, verklaarde ruim 75 procent van de Nederlanders 'veel vertrouwen' te hebben in de aanstaande koning. Bij Beatrix was dit percentage in 1980 bij haar aantreden 67 procent. Na een jaar op de troon was het hoge vertrouwenspercentage in Willem-Alexander onveranderd. Hij werd gezien als 'aardiger, komischer en minder formeel'.

Echt heel wezenlijke veranderingen vinden er doorgaans niet plaats na een troonswisseling. Het gaat vaak om kleine verschillen in stijl en enige aanpassingen aan de tijd. Het koninklijk bedrijf leent zich slecht voor ingrijpende koerswijzigingen of abrupte vernieuwingen.

Man van het digitale tijdperk

Tot slot een kleine greep uit zaken die deze koning toch net iets anders aanpakt dan zijn voorganger.

Willem-Alexander is uitbundig, zijn moeder ingetogen. Een juichende Beatrix op de tribune bij Ajax, zou even ondenkbaar zijn als haar zoon omringd door leden van het corps de ballet, na afloop van een galavoorstelling van *De Notenkraker*.
Waar Beatrix er ronduit een hekel aan had om in het openbaar zelfs maar een kort praatje te houden, draait Willem-Alexander daar zijn hand niet voor om. Of het nu gaat om een statement over de vluchtelingencrisis in Syrië of een politiek gevoelig onderwerp als de mensenrechten in China, het gaat hem relatief makkelijk af. Hij wordt slechts licht gehinderd door de ministeriële screening vooraf. Beatrix beperkte zich bij voorkeur tot het voorlezen van de jaarlijkse troonrede en haar kersttoespraak. Voor dit laatste prefereerde zij (opvallend ouderwets) radio boven televisie.

Willem-Alexander is een man van het digitale tijdperk. Bij een werkbezoek aan Silicon Valley even buiten San Francisco, het Mekka van de computertechnologie, viel op dat hij zijn gastheren bij softwarereuzen zoals Cisco en Sun het hemd van het lijf vroeg. De laatste technische snufjes, digitale camera's, vluchtsimulators, elektronische gadgets? Hij wil ze het liefst zelf uitproberen.

Prins Claus: 'Nederland is eigenlijk een republiek met een erfelijke vorst'

Net als bij zijn voorgangers zal ook tijdens de regeerperiode van Willem-Alexander de vraag worden gesteld, hoe lang het overerfelijke koningschap als 'instituut' nog mee kan. Hoeveel 'mileage' zit er nog in het 'ambt'? Prins Claus had hier specifieke gedachten over en zei ooit: 'Het laatste hoofdstuk van de monarchie zal door de leden van het koninklijk huis zelf geschreven worden.' Claus meende dat de toekomst van de monarchie vooral zal afhangen van het vermogen van de hoofdrolspelers zelf, om zich aan te passen aan veranderende tijden.

Zou het draagvlak voor de monarchie onder de bevolking ooit wegvallen, dan houdt deze op te bestaan. In een interview met de Duitse televisie in 1998, aan de vooravond van Beatrix' zestigste verjaardag, formuleerde Claus het nog zo: 'Nederland is geen monarchie. Nederland is eigenlijk een republiek met een erfelijke vorst die in nauw contact met het volk staat.'

Als we kijken naar de waarderingscijfers die Willem-Alexander en ook zijn echtgenote Maxima kregen toebedeeld in de eerste jaren van zijn koningschap, dan lijkt de toekomst van de 'bakkerswinkel' er, voorlopig althans, rooskleurig uit te zien.

■ Willem-Alexander: 'Zij is mijn adviseur nummer 1 en voorgangster.' Deze foto van prinses Beatrix werd genomen op 30 april 1977, tijdens het defilé op paleis Soestdijk ter ere van de 68e verjaardag van koningin Juliana.

DE GROENE DRAECK